Tierbabys Malbuch

AF103730

Kinder Malbücher

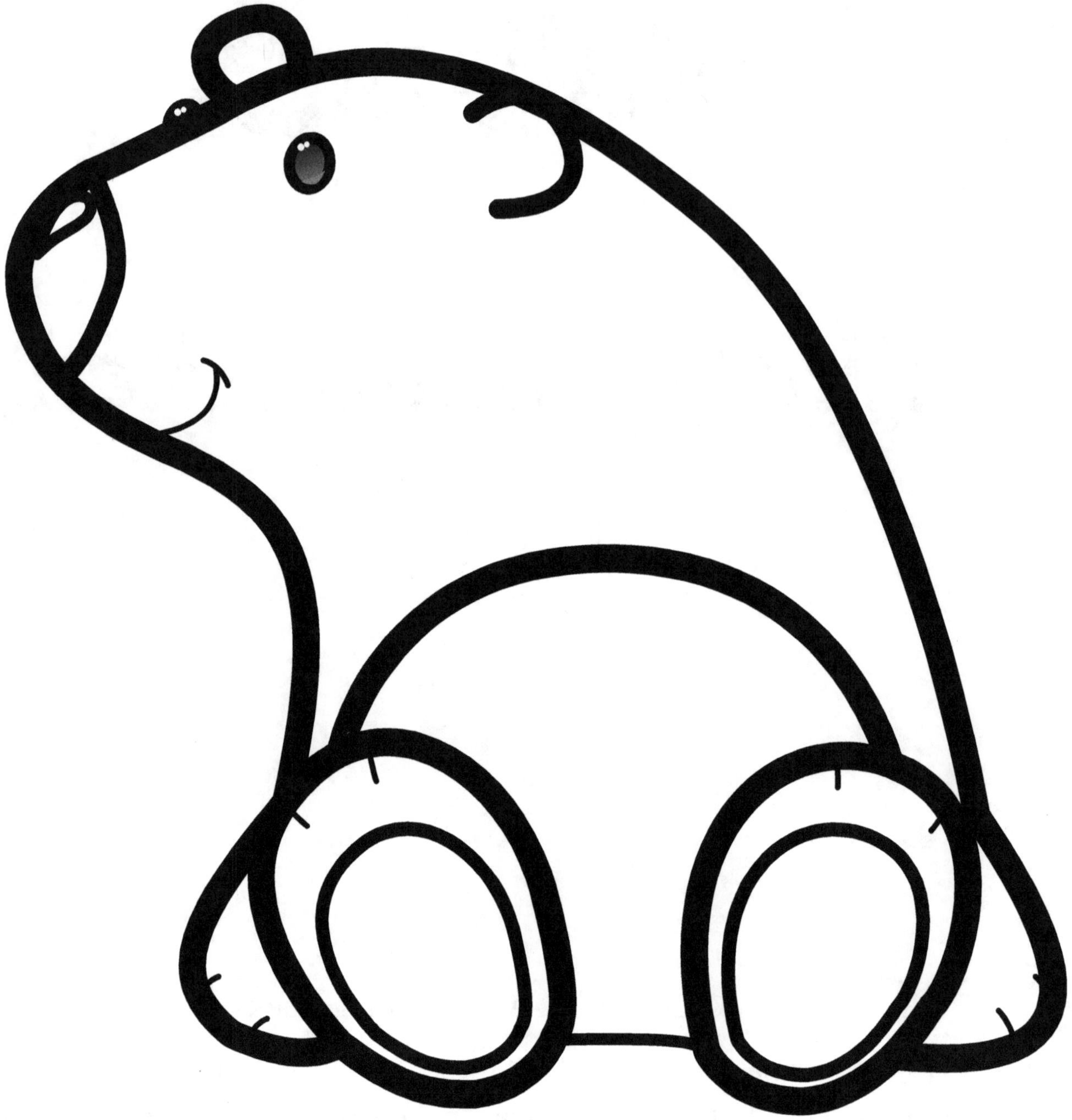

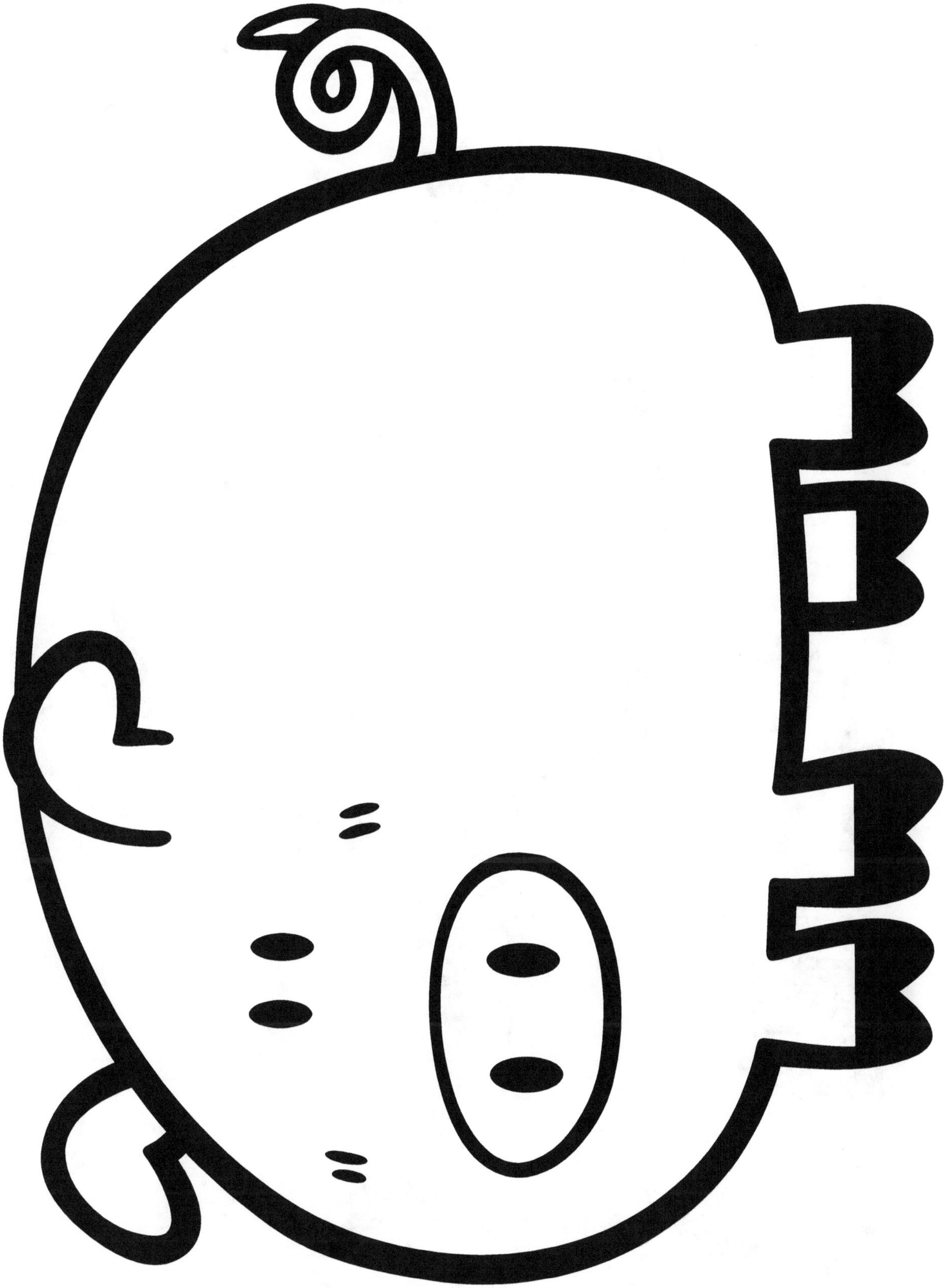

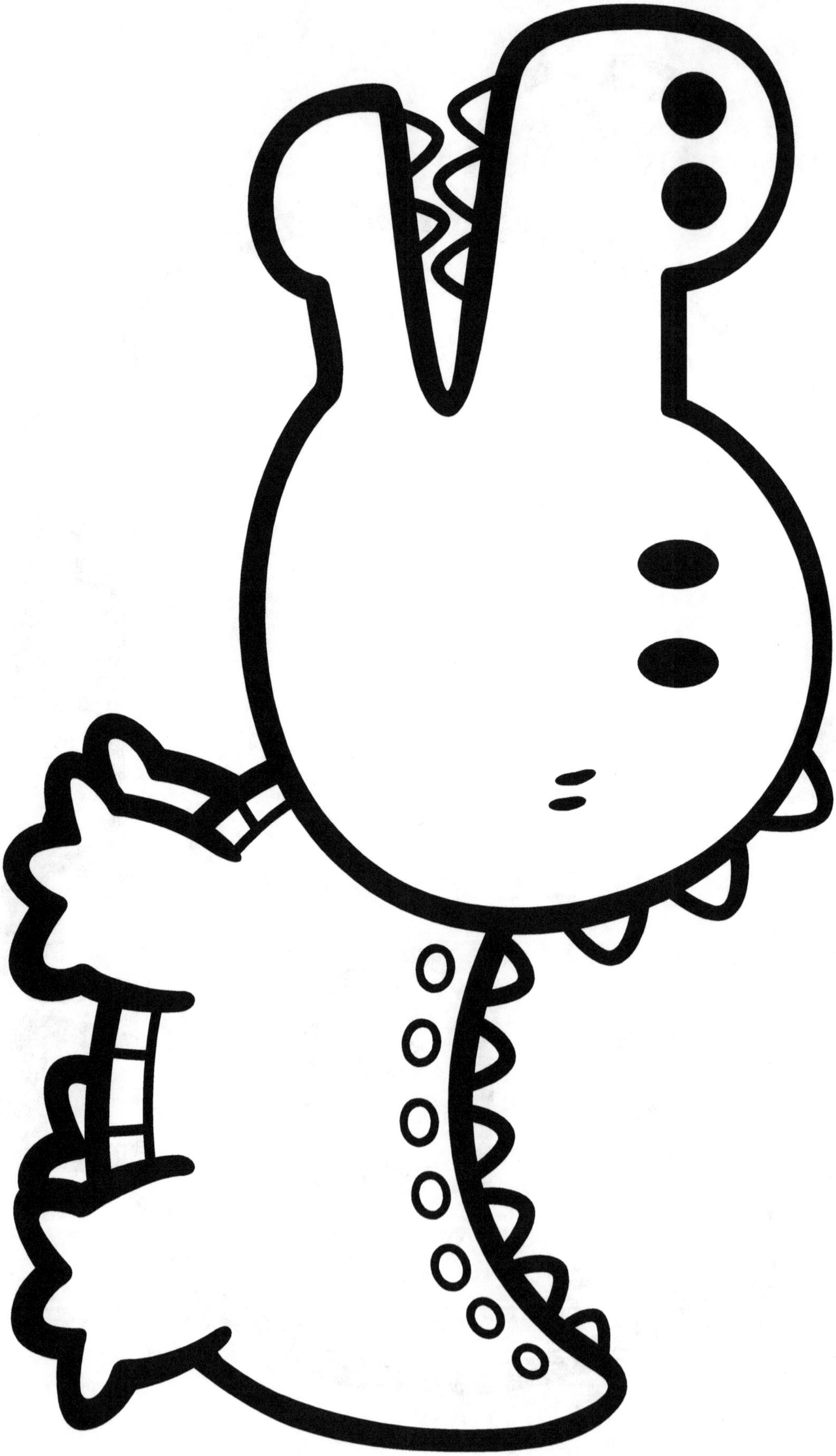

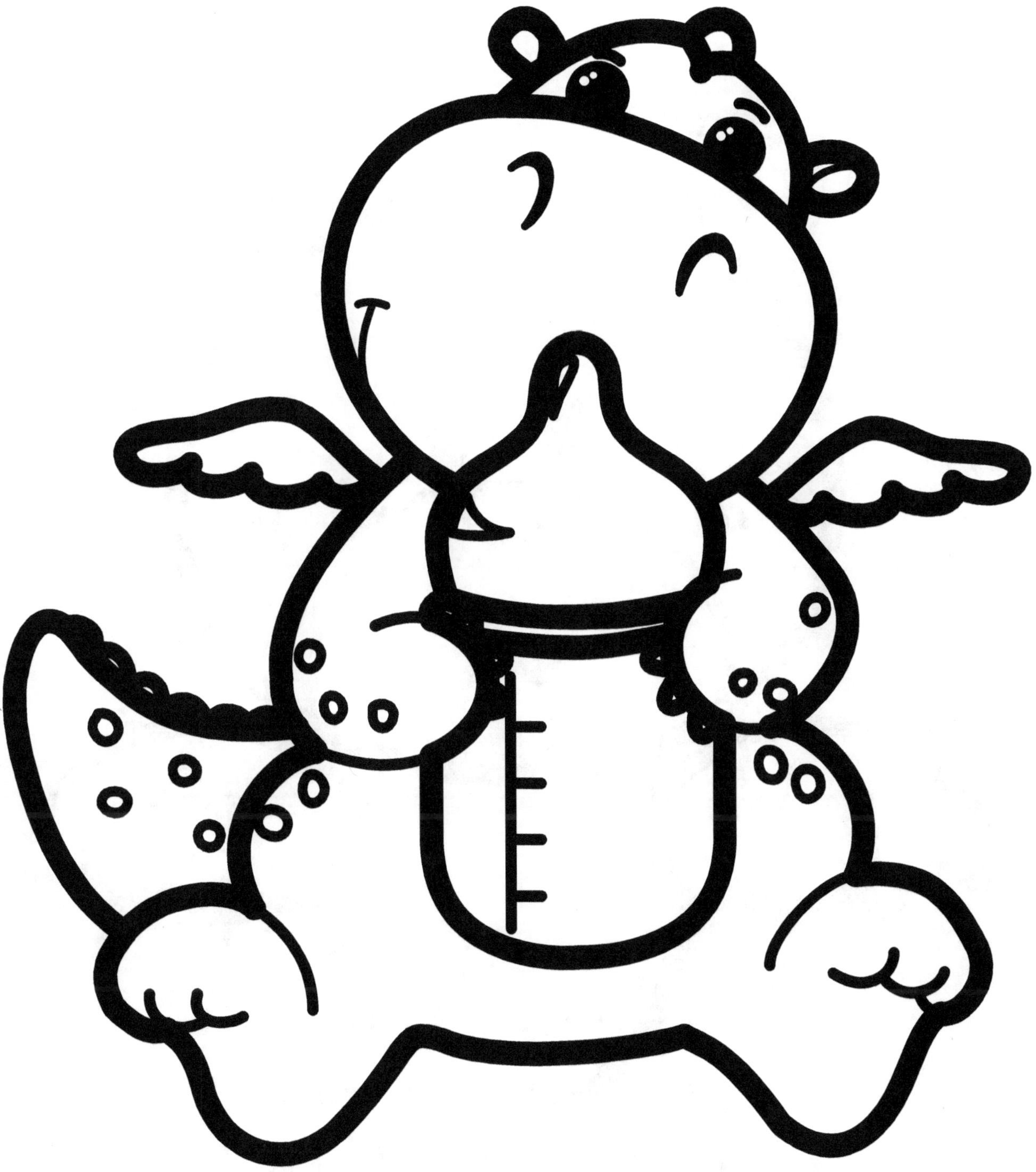

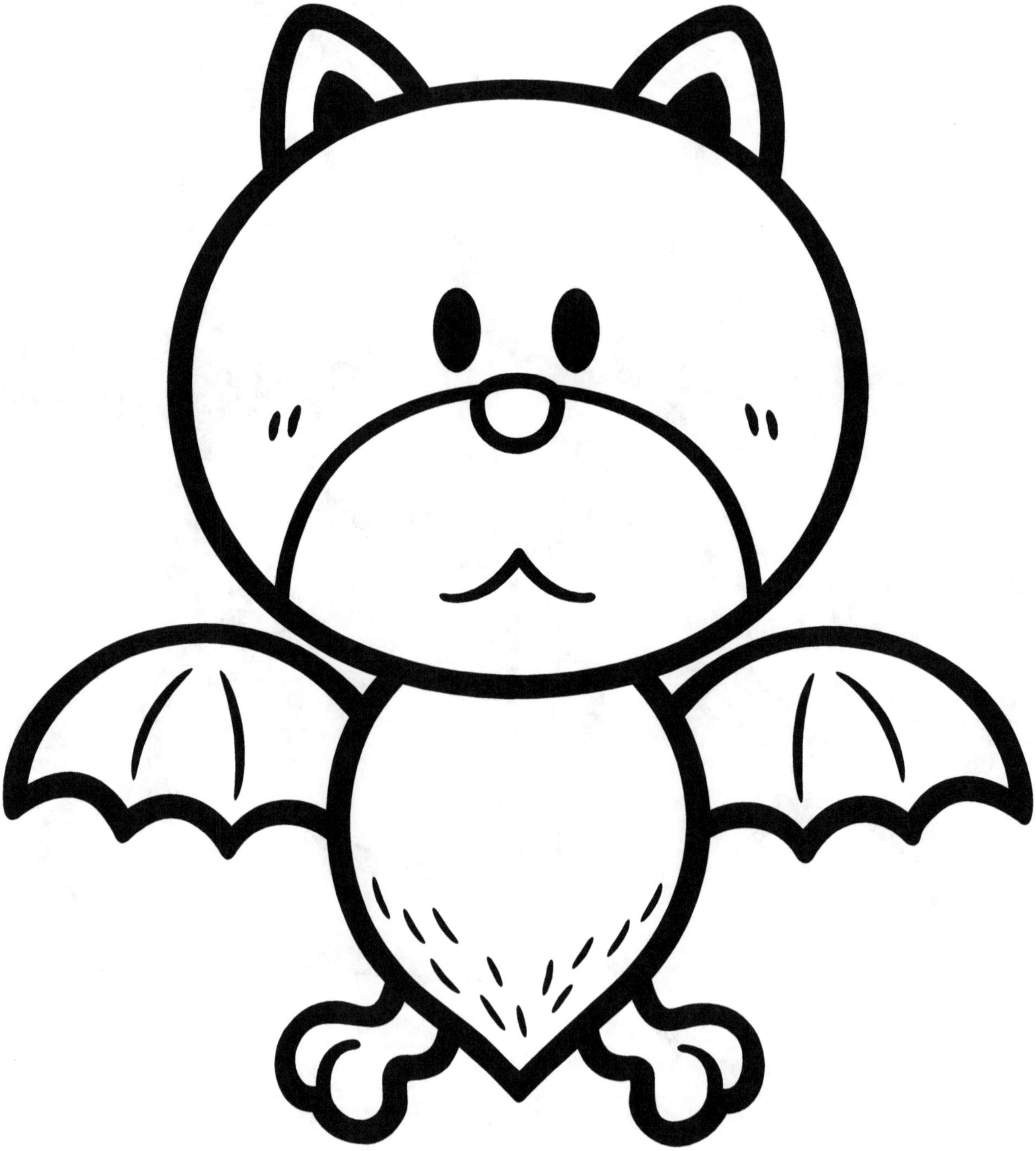

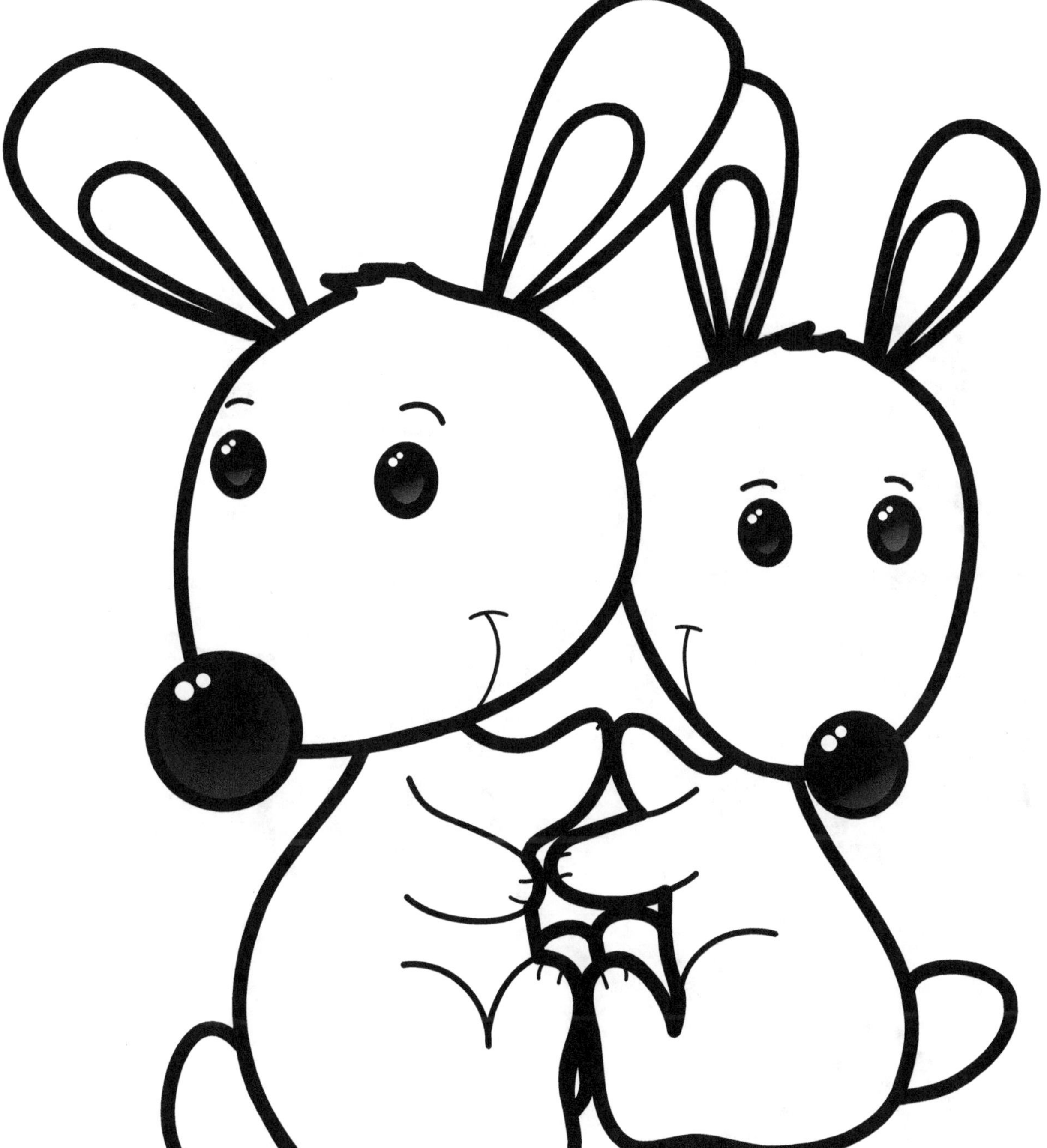

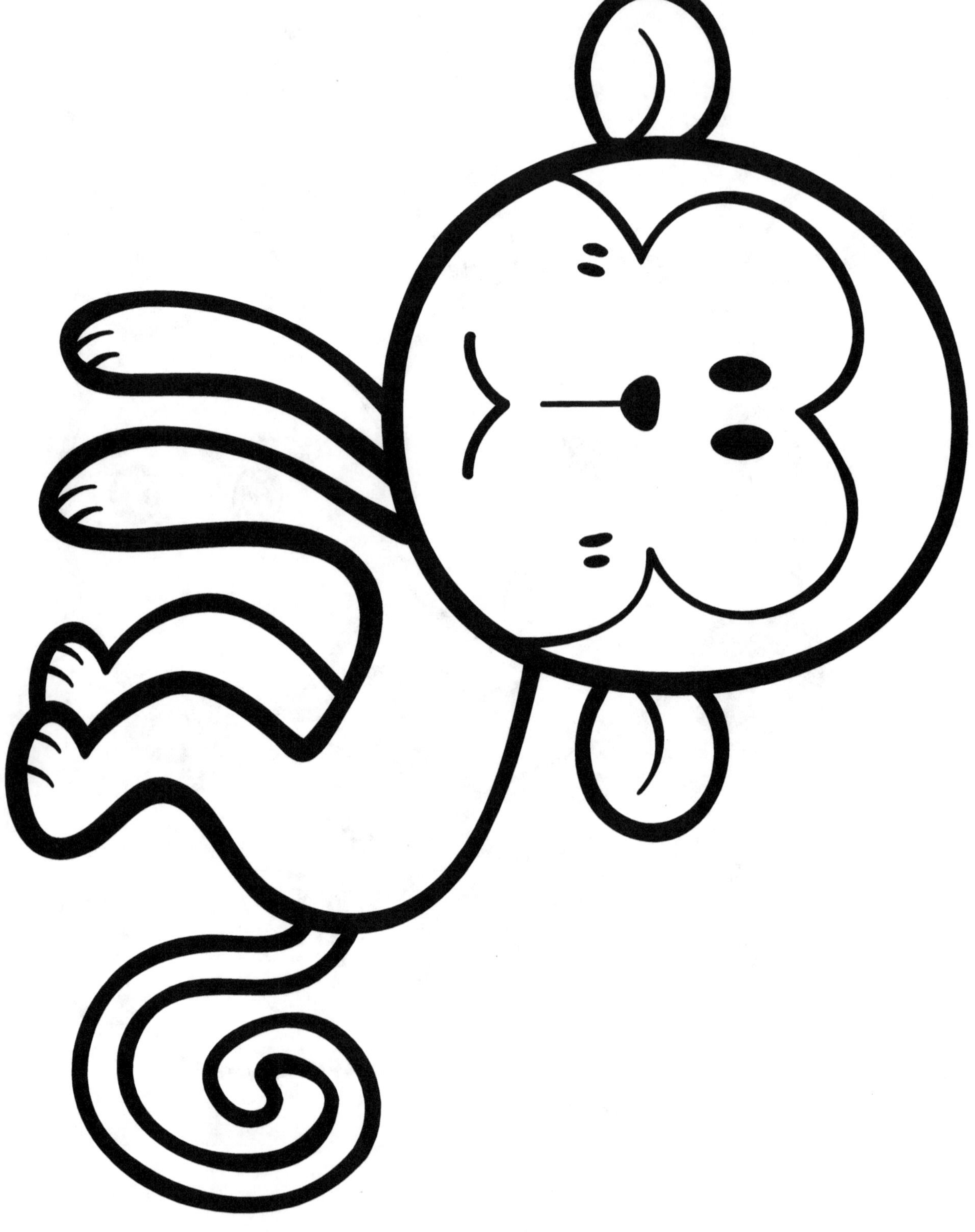

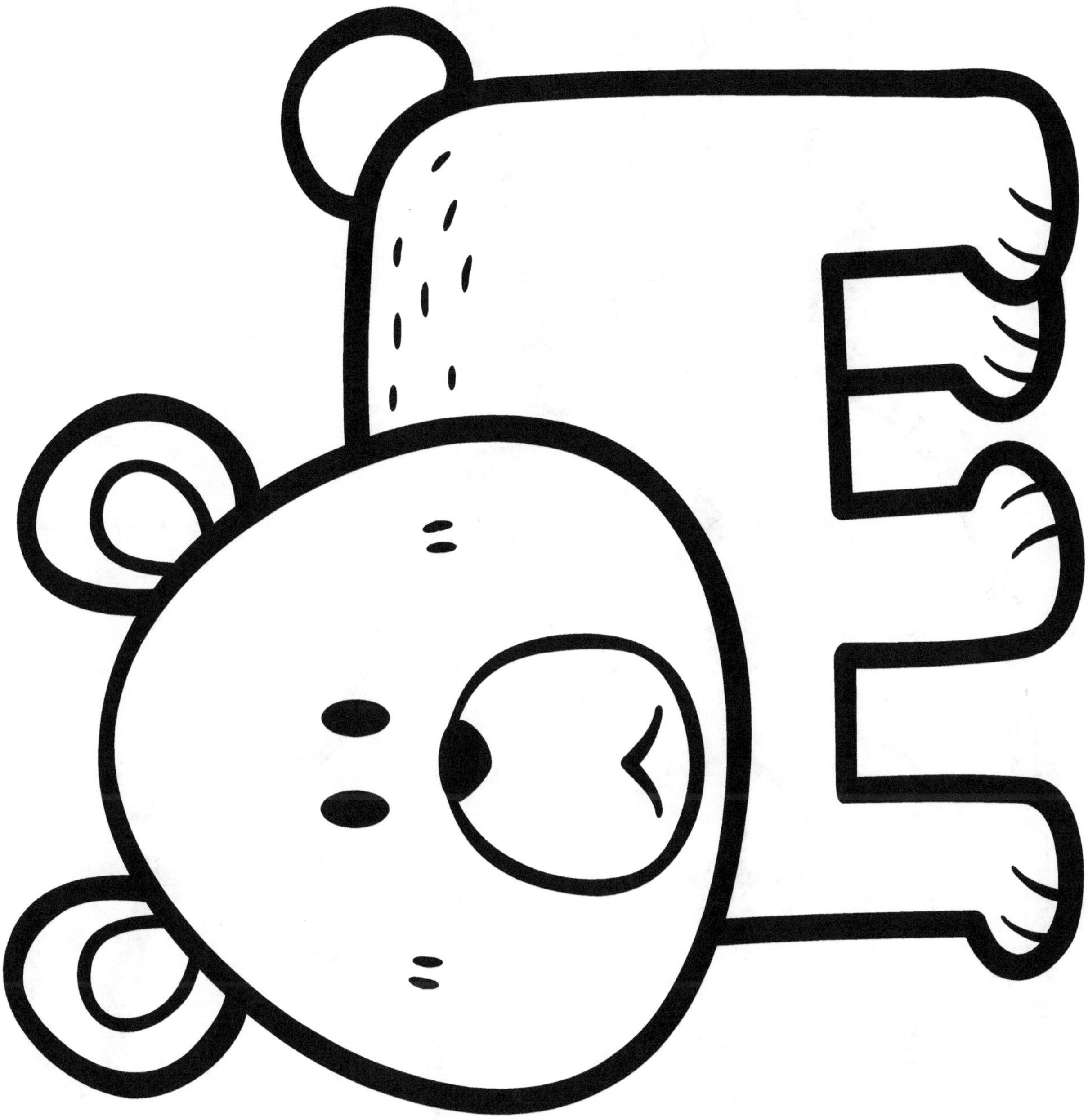

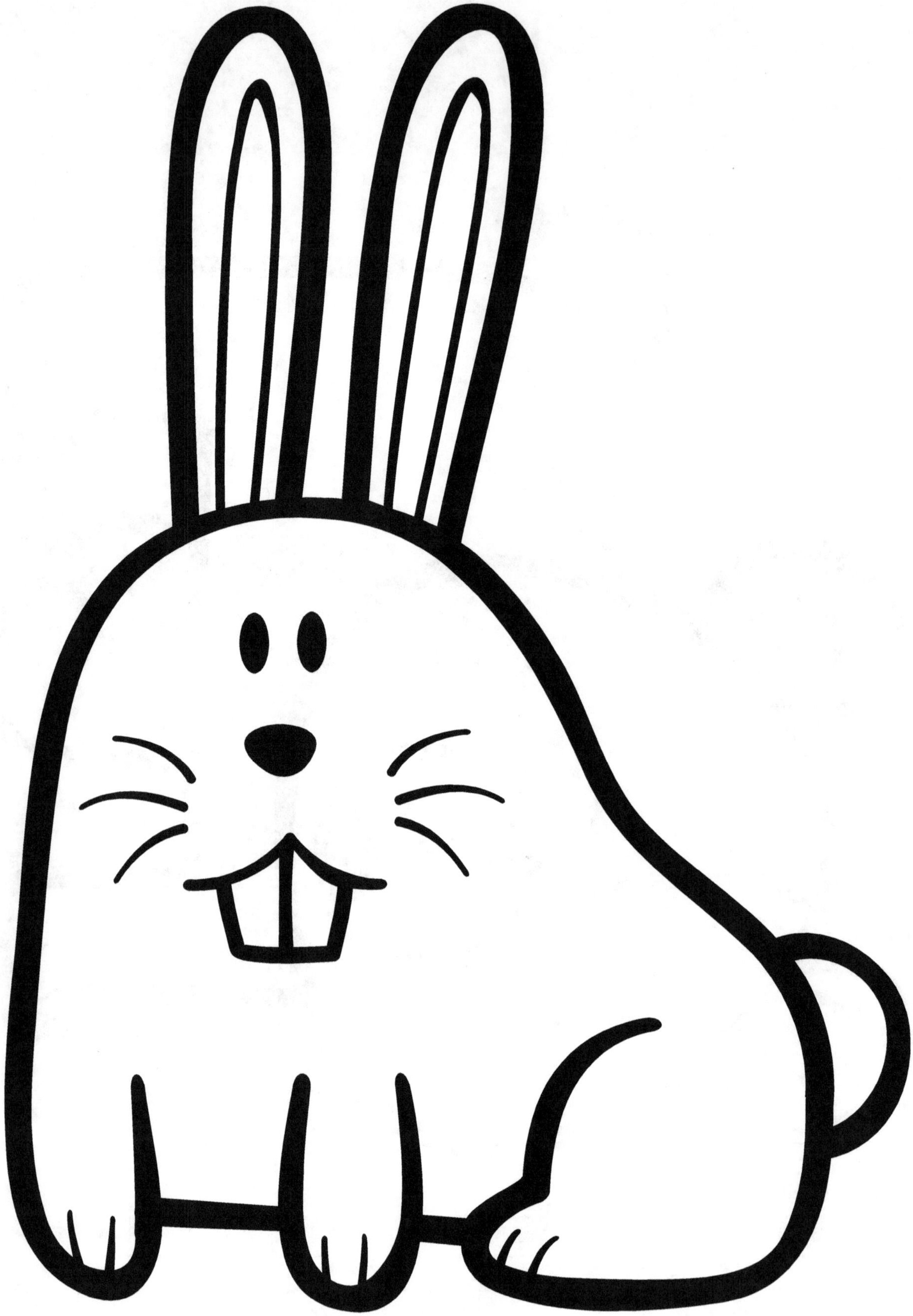

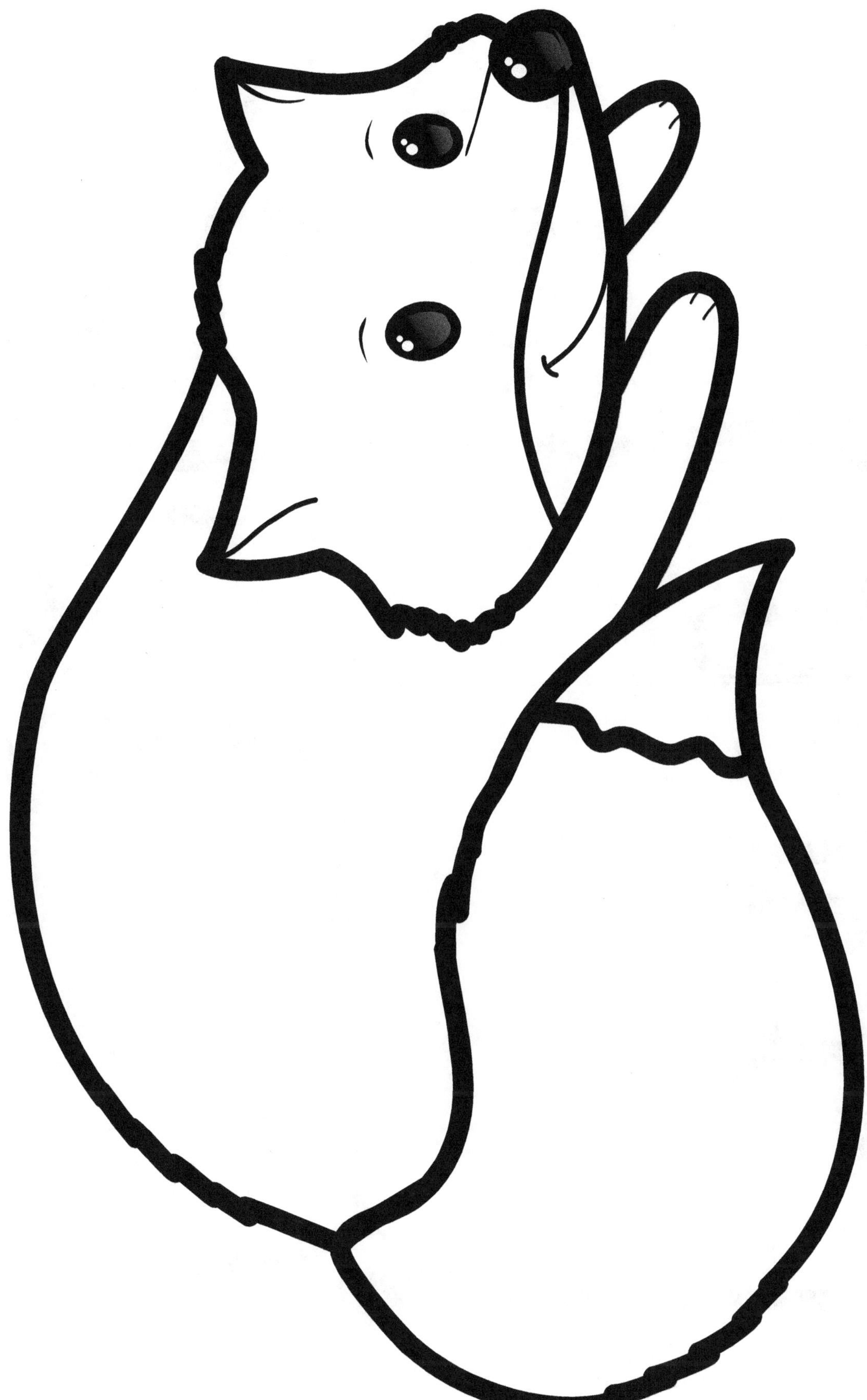

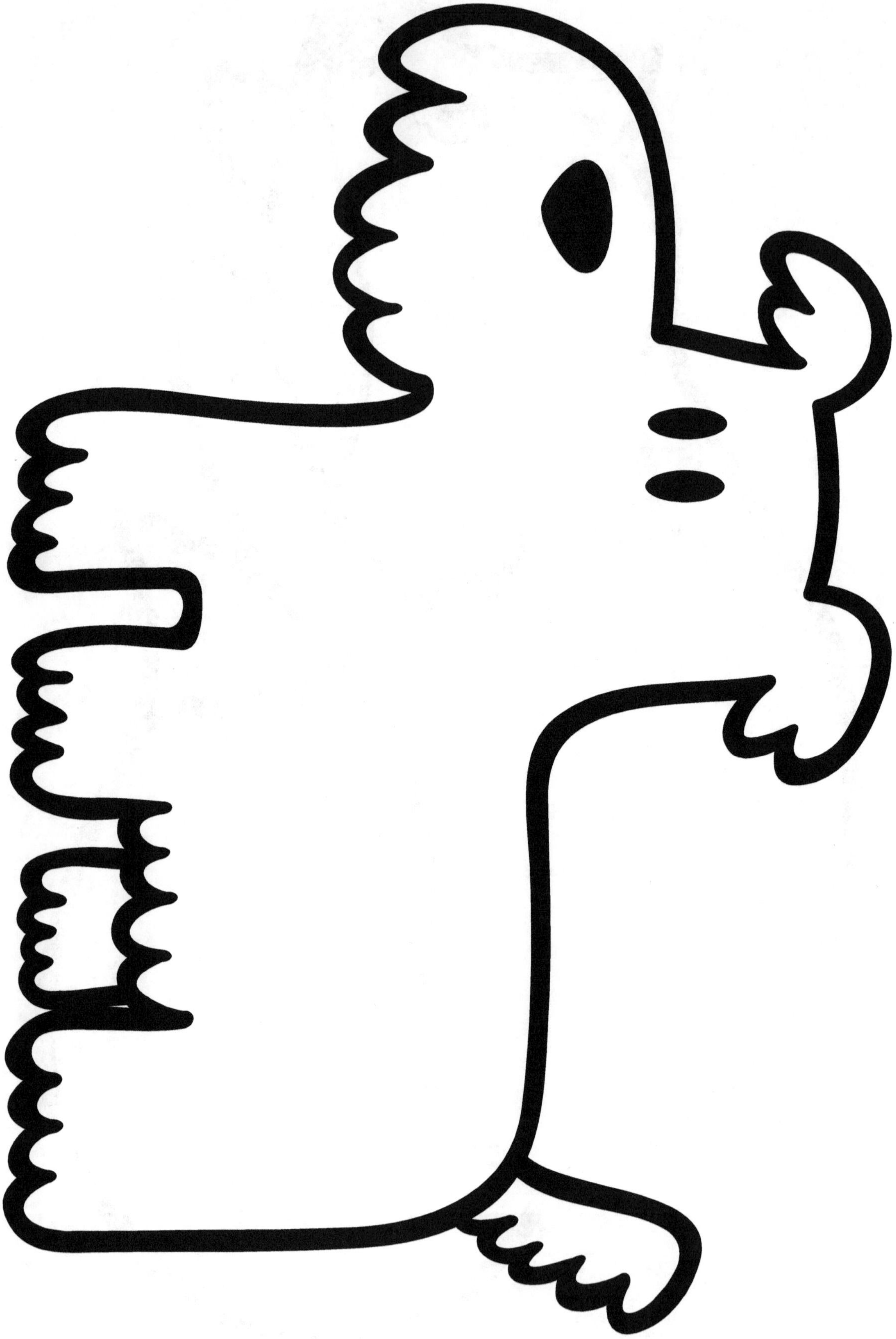

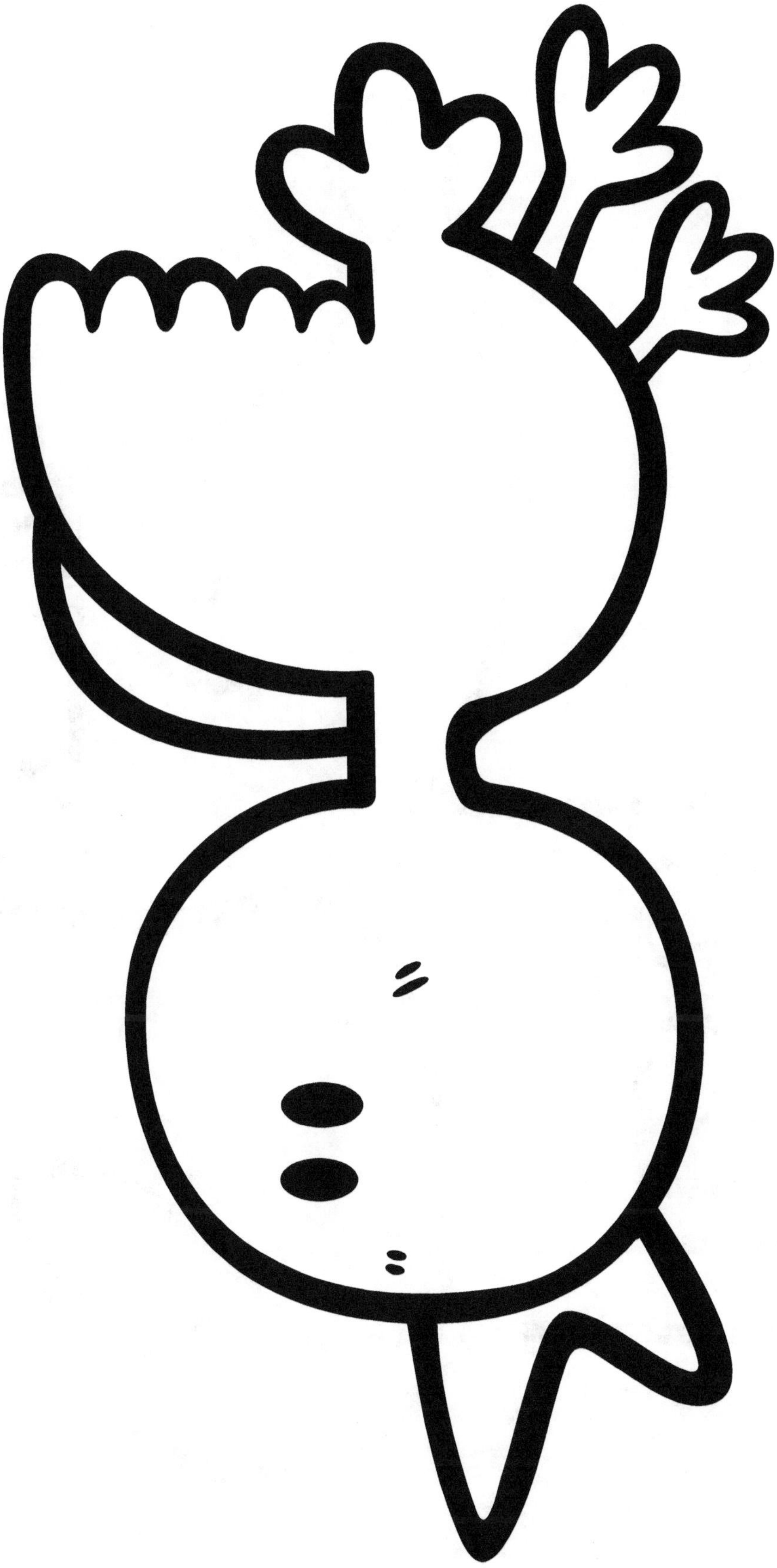

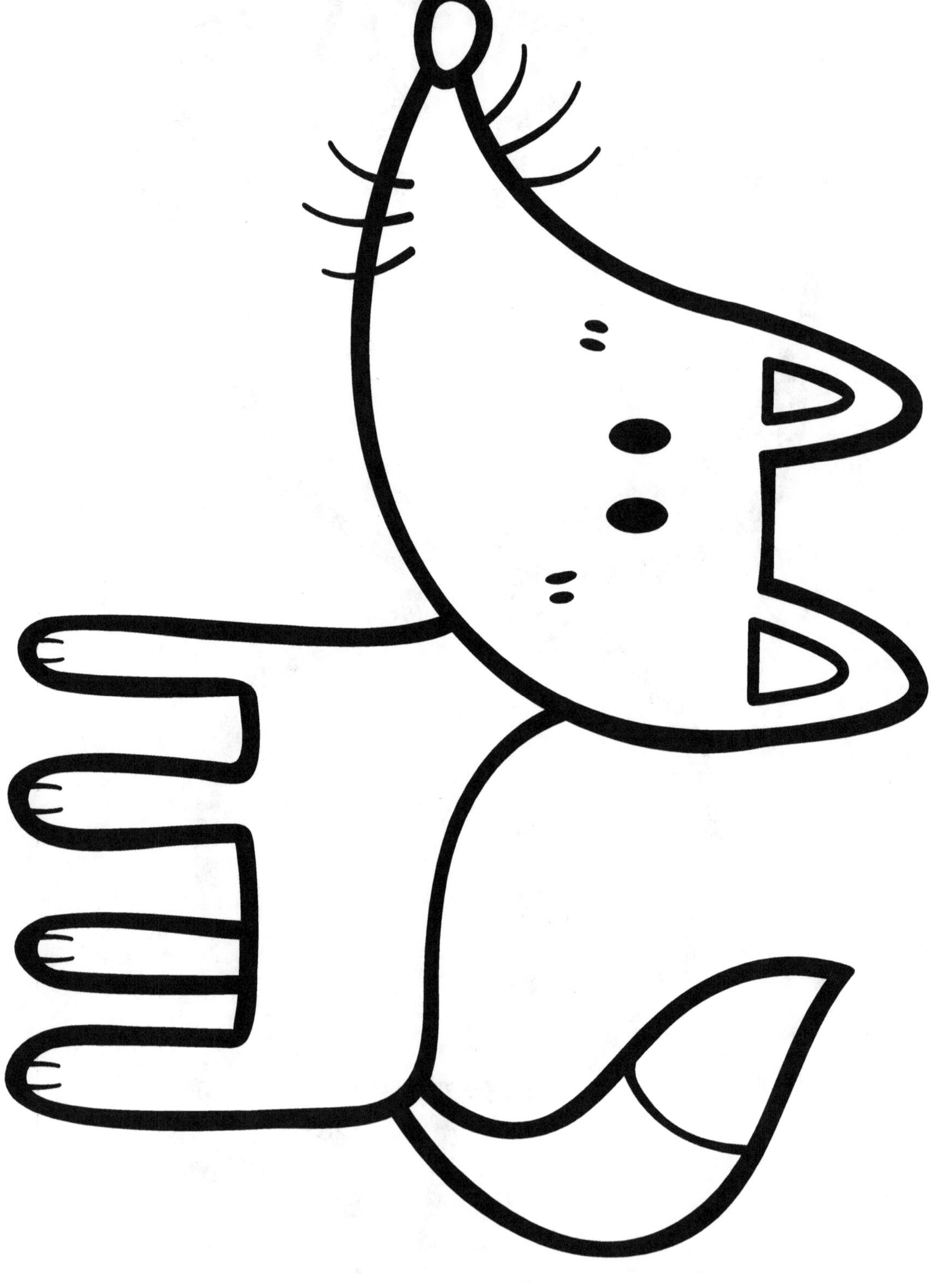

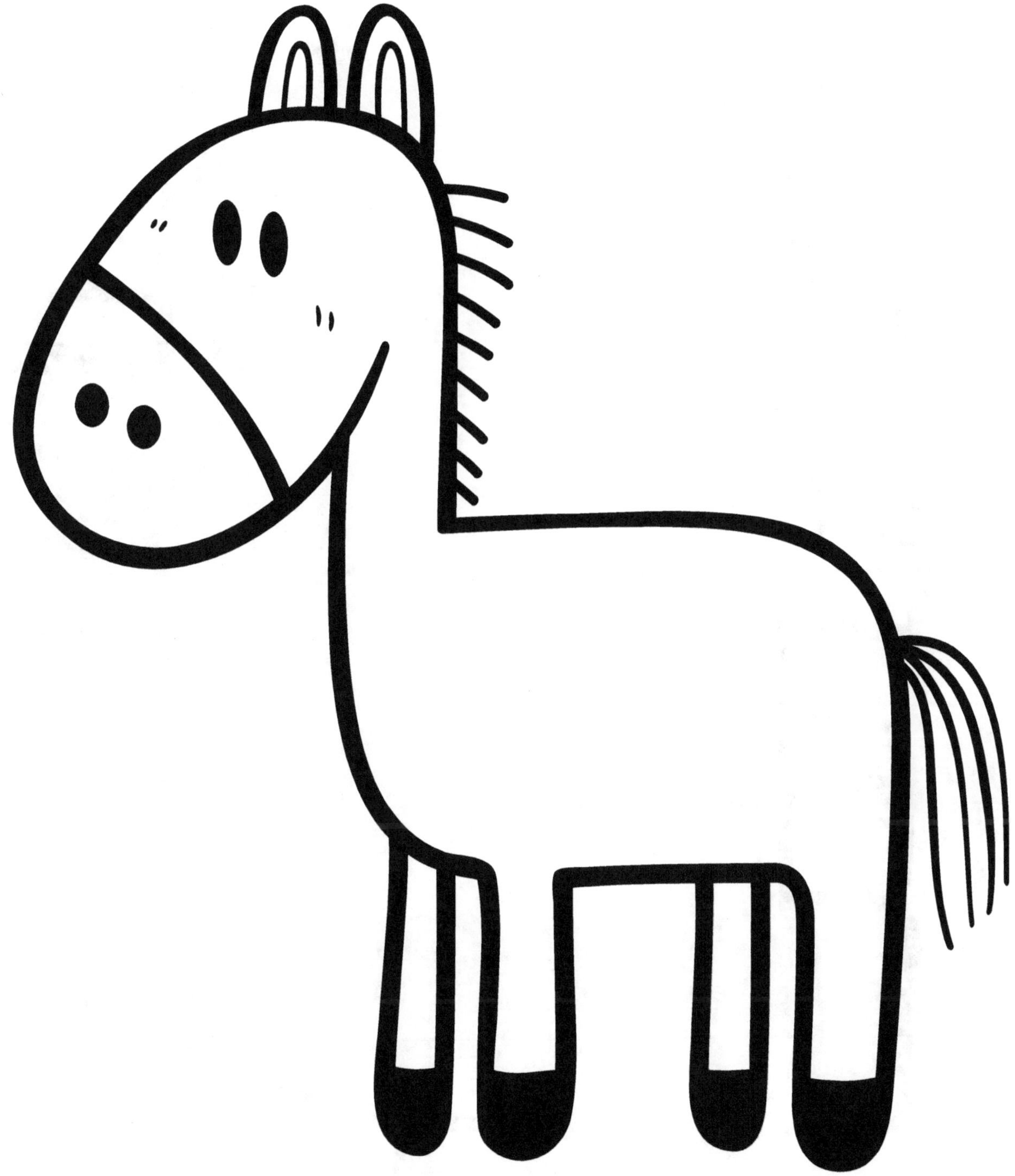

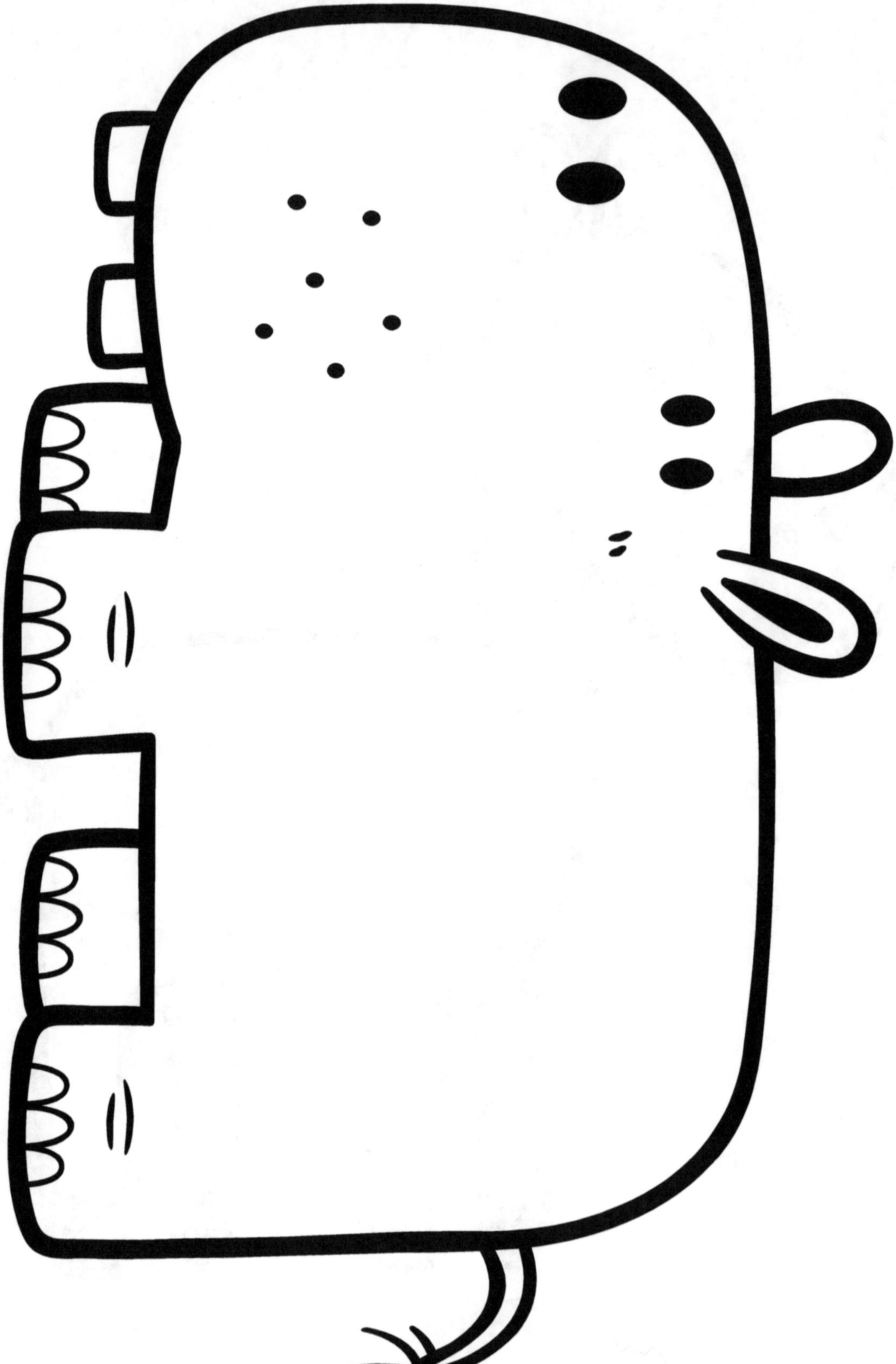

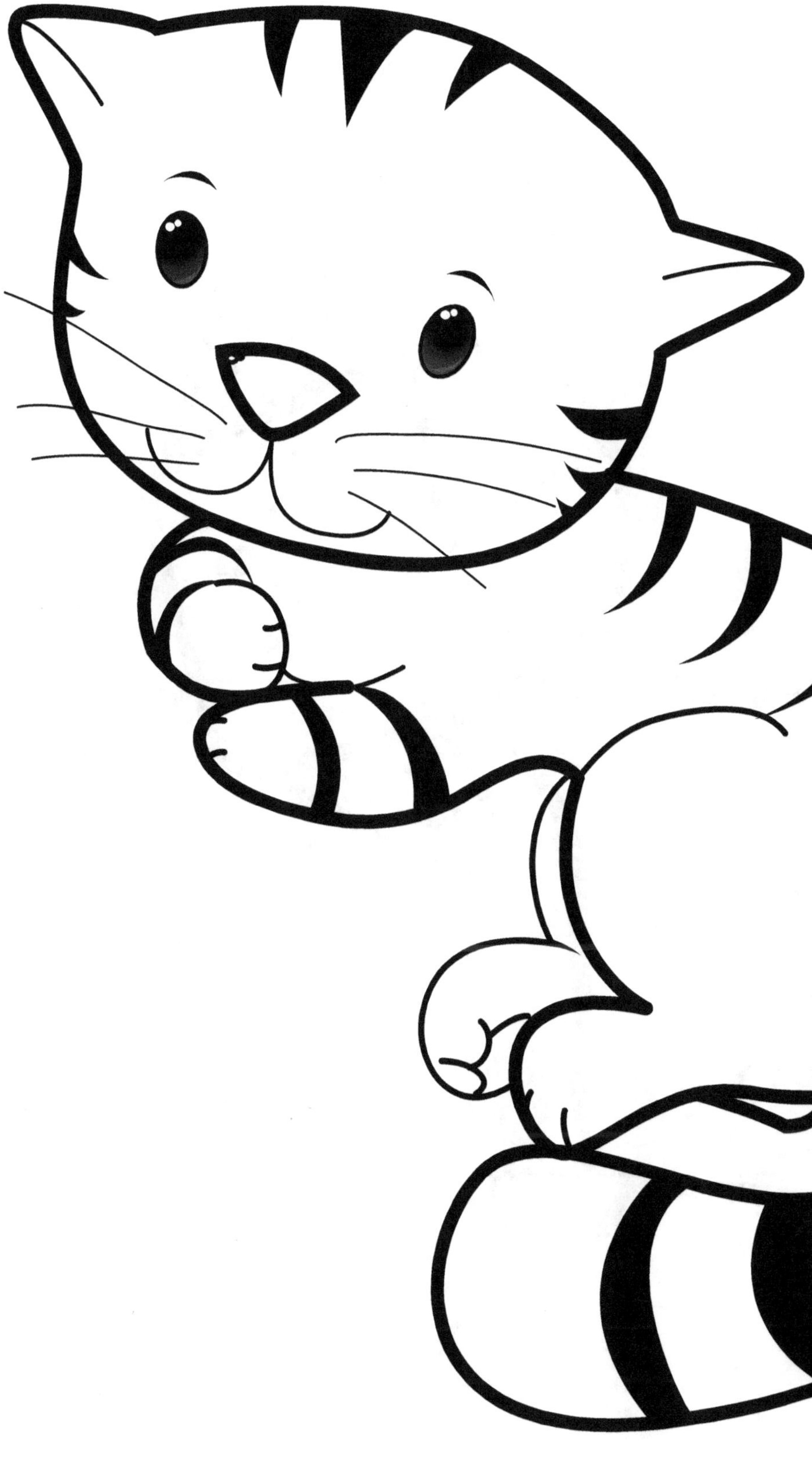

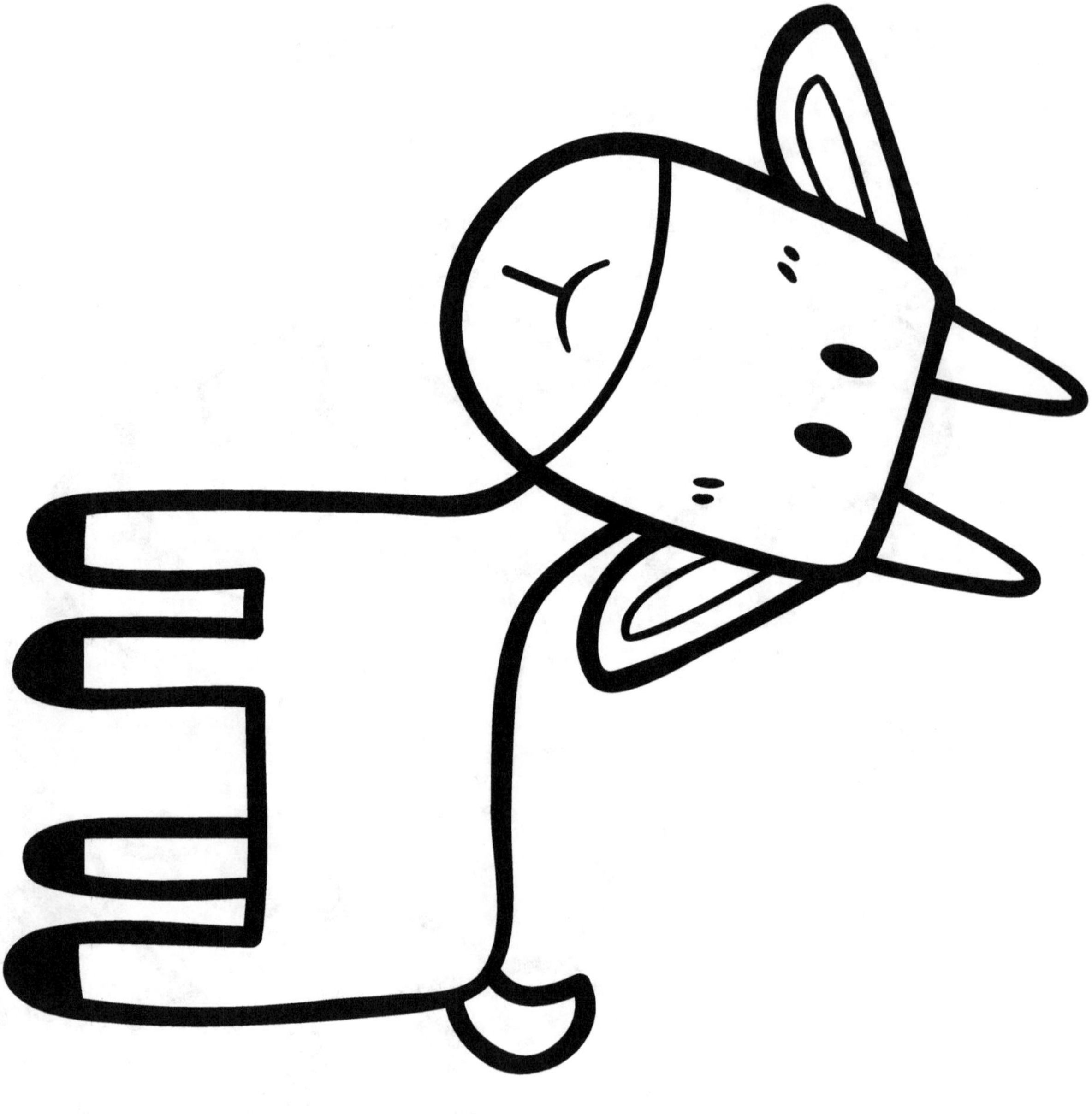

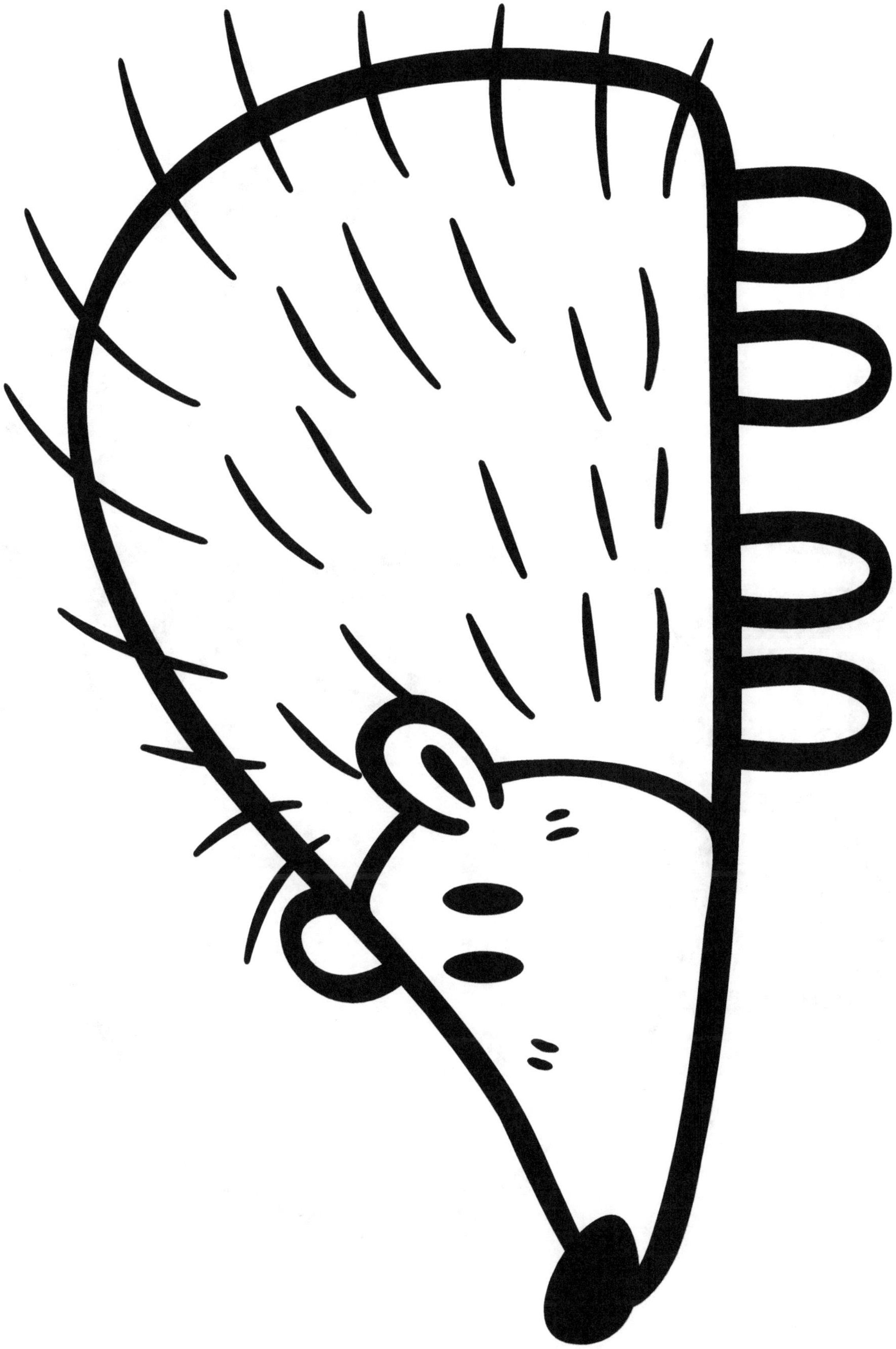

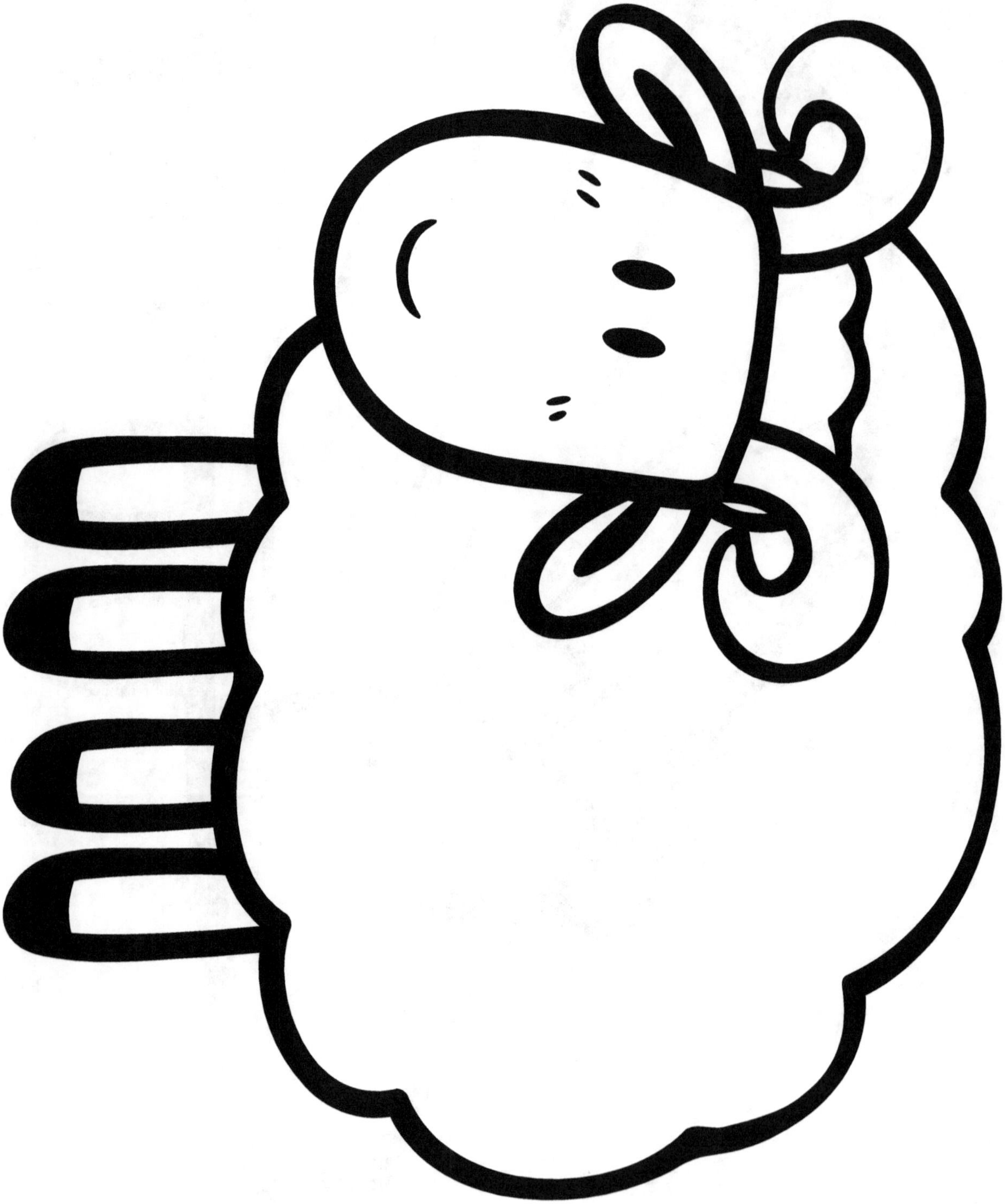

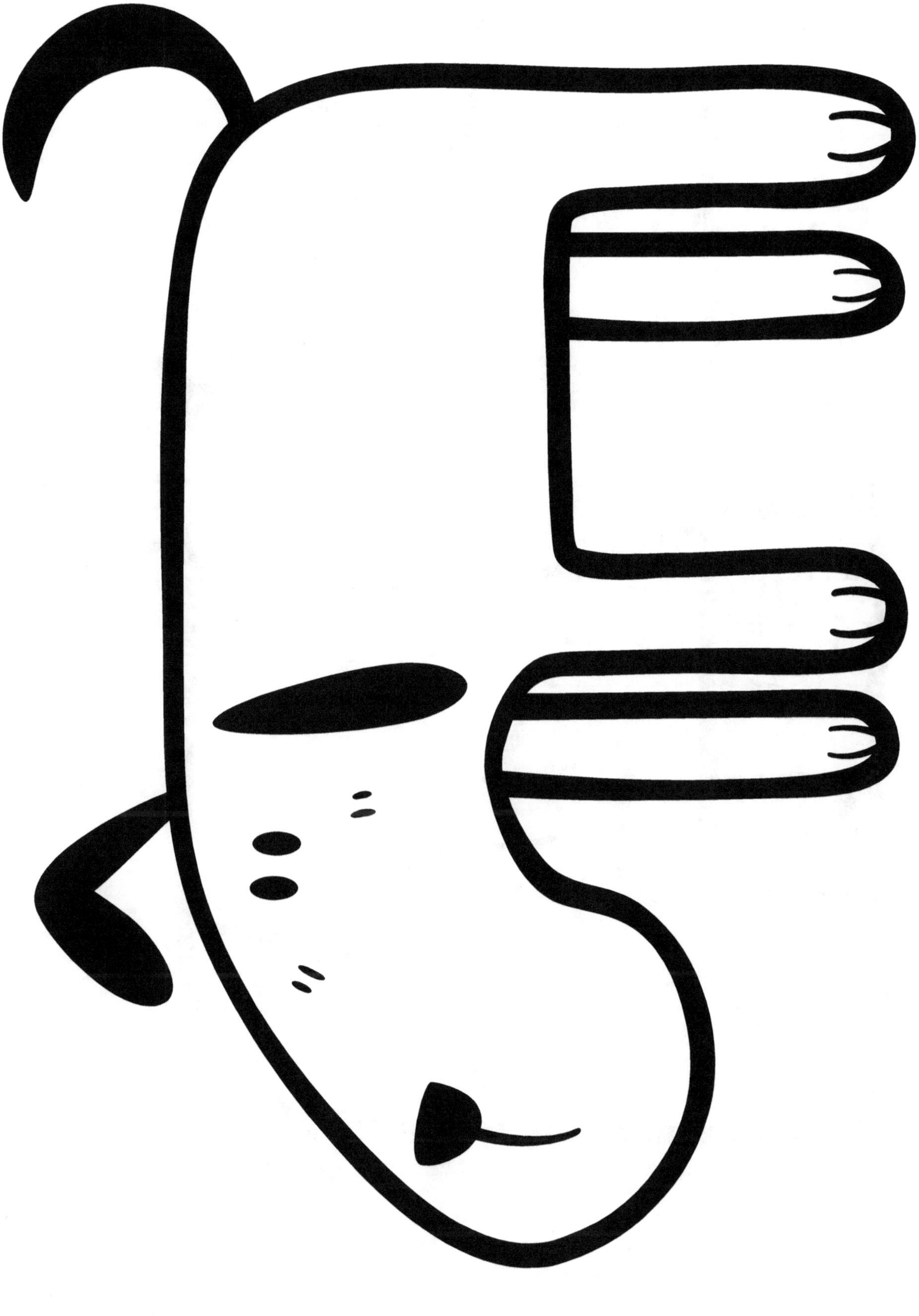

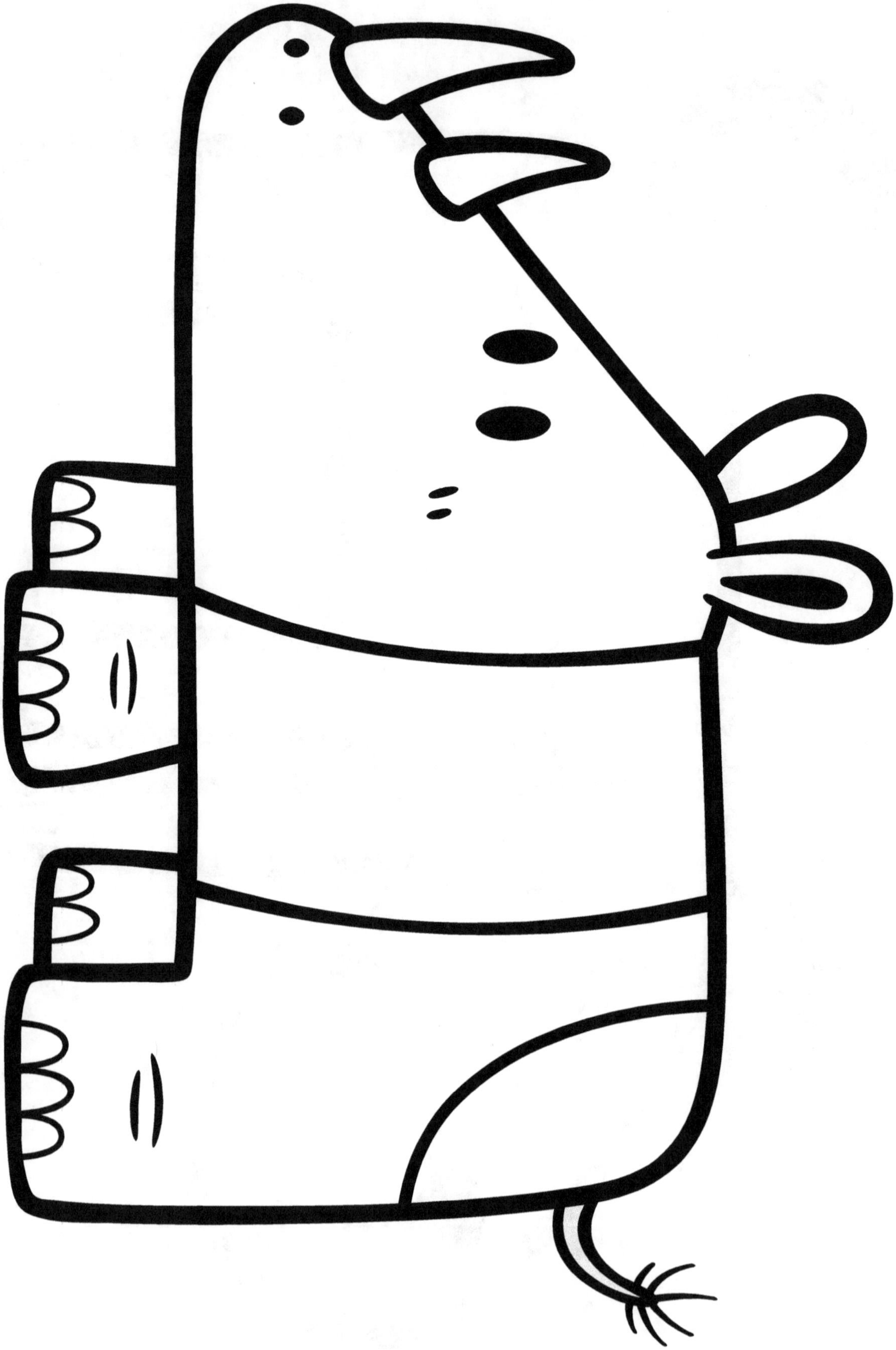

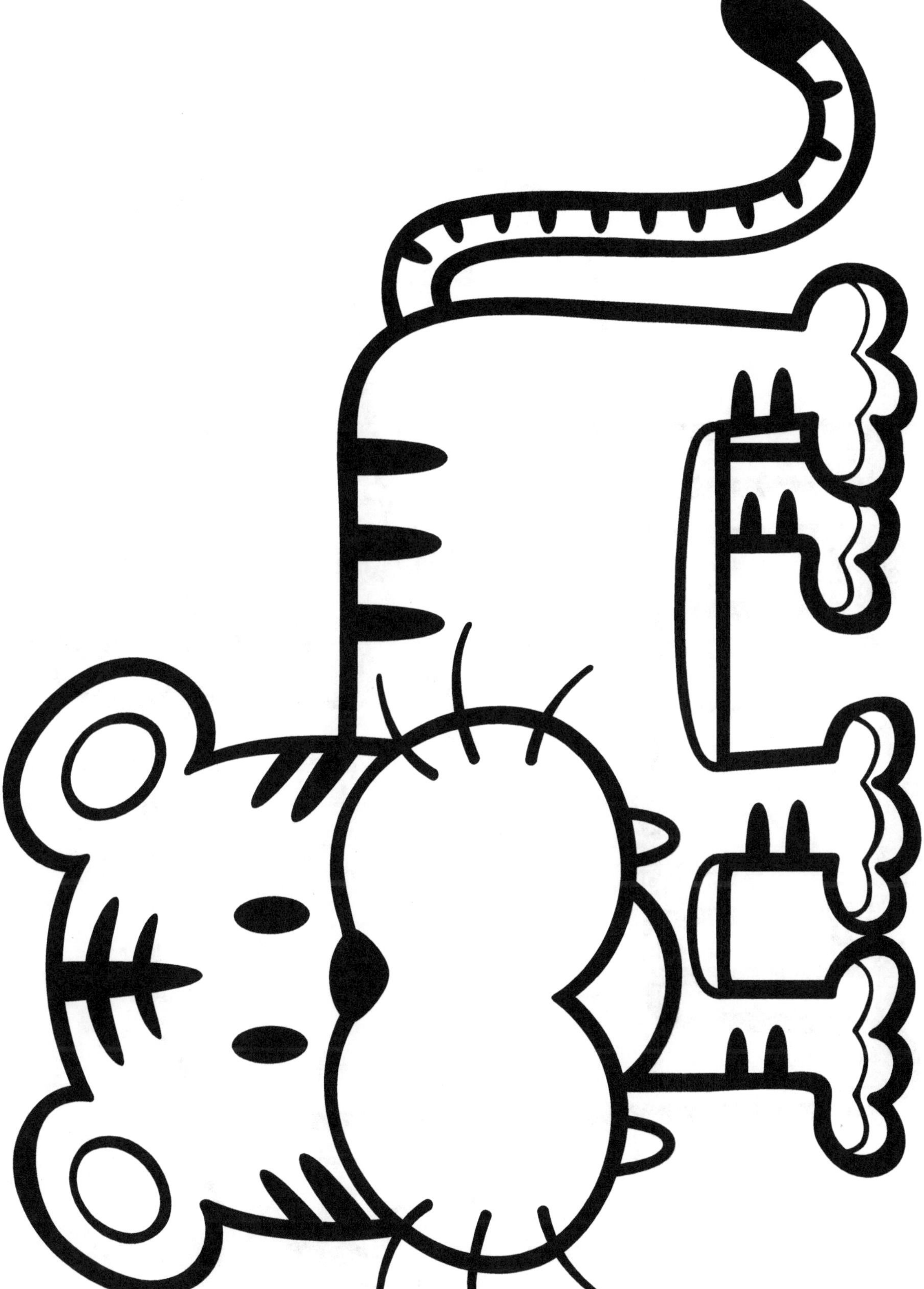

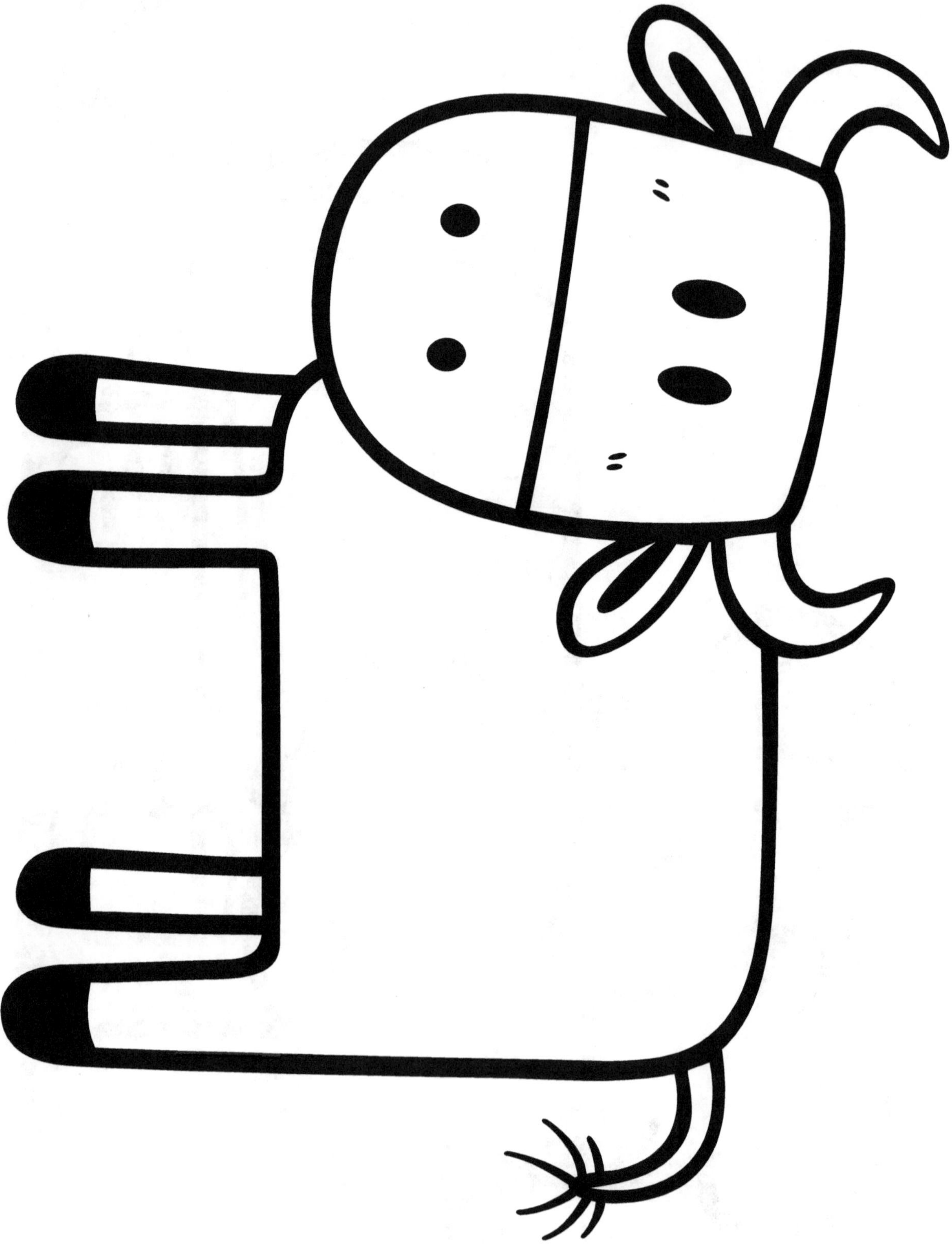

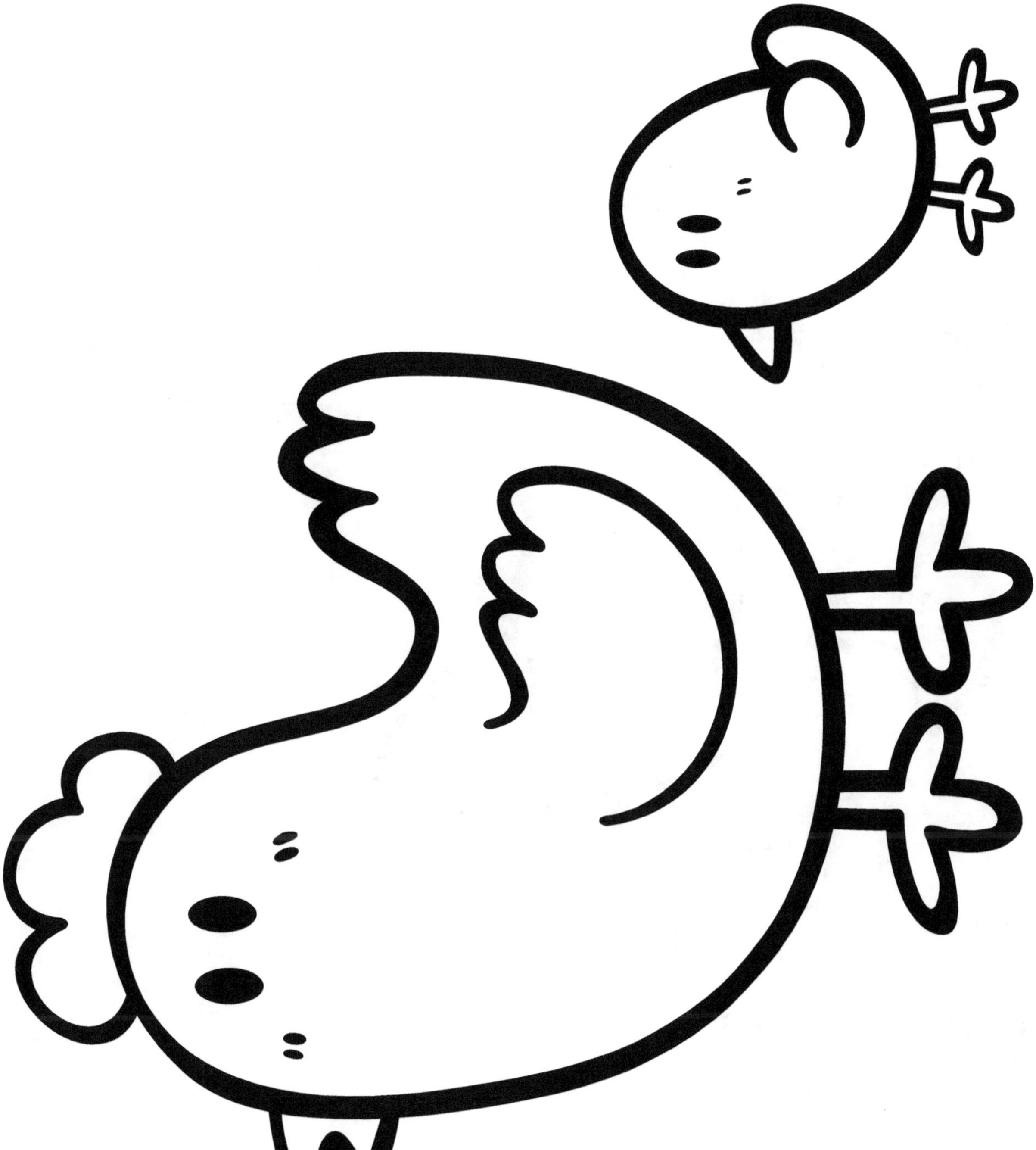

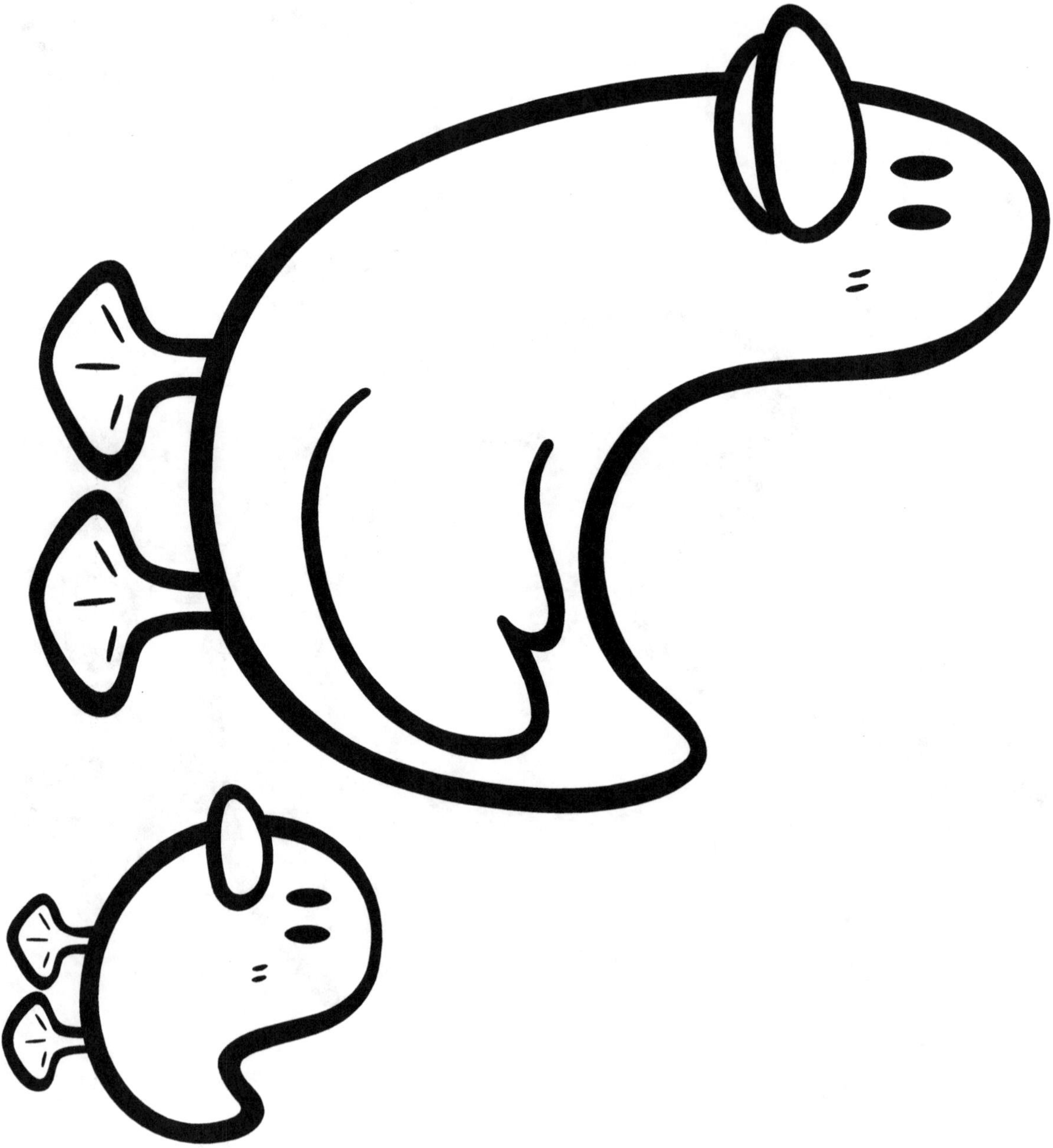

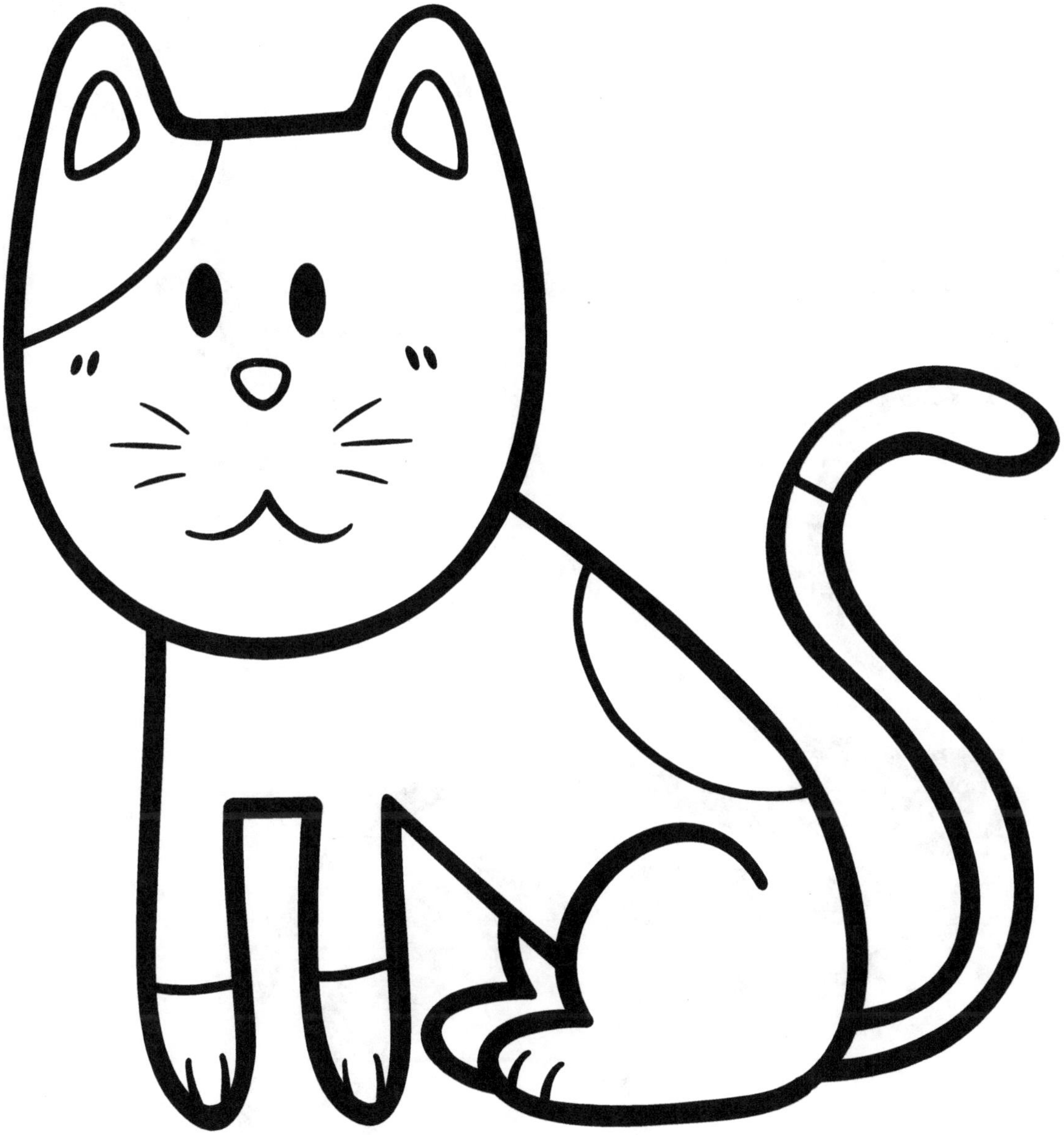

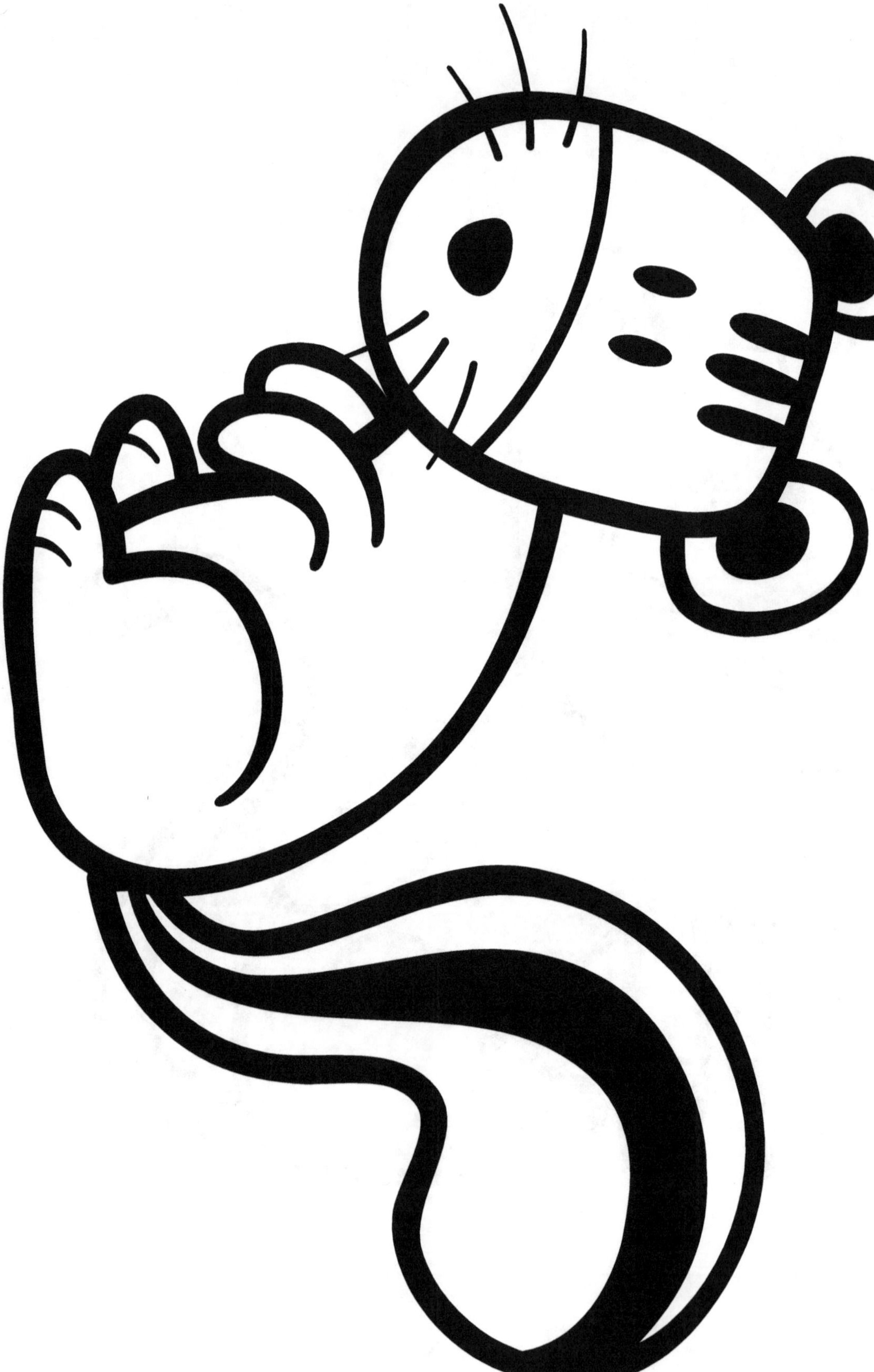

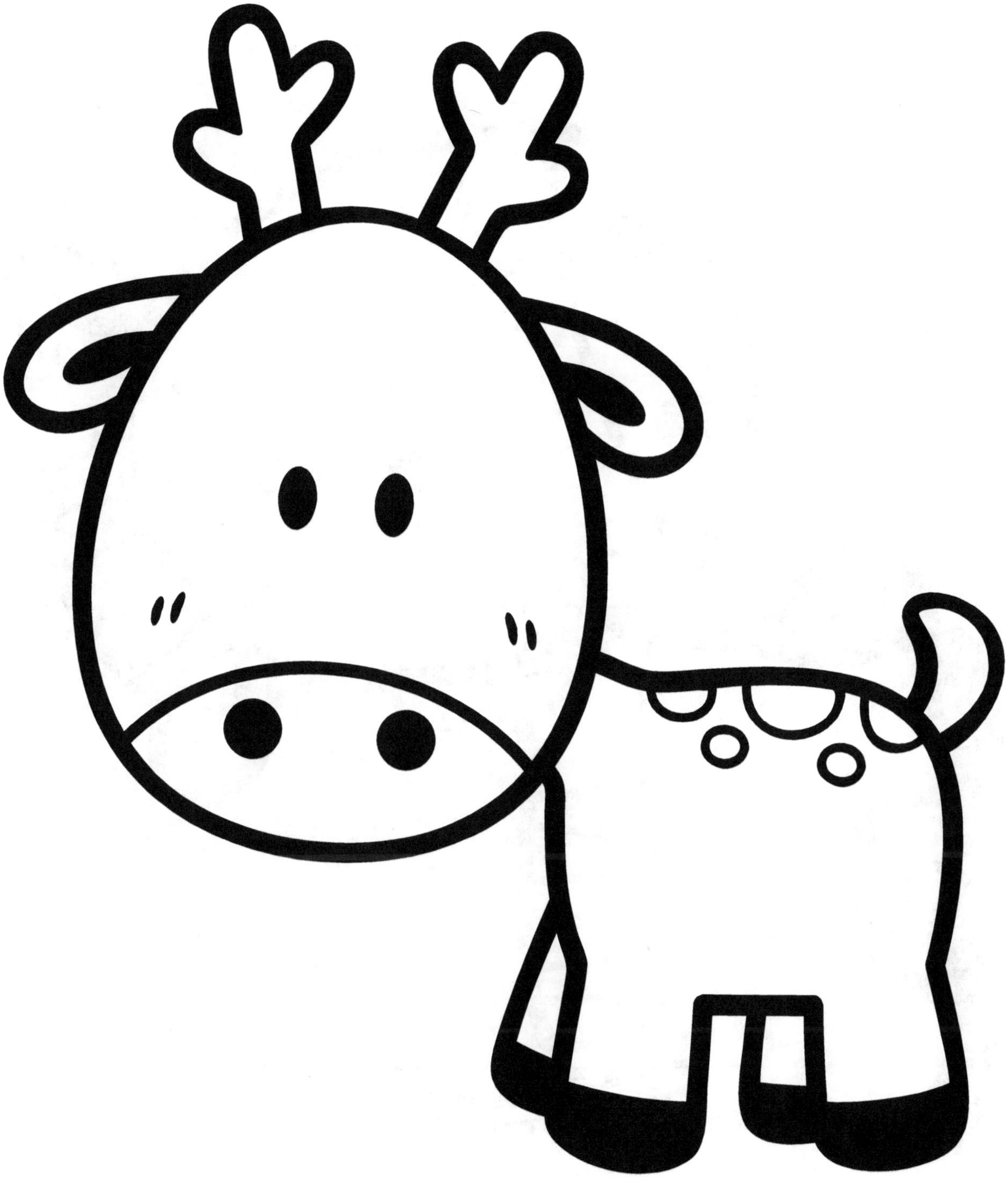

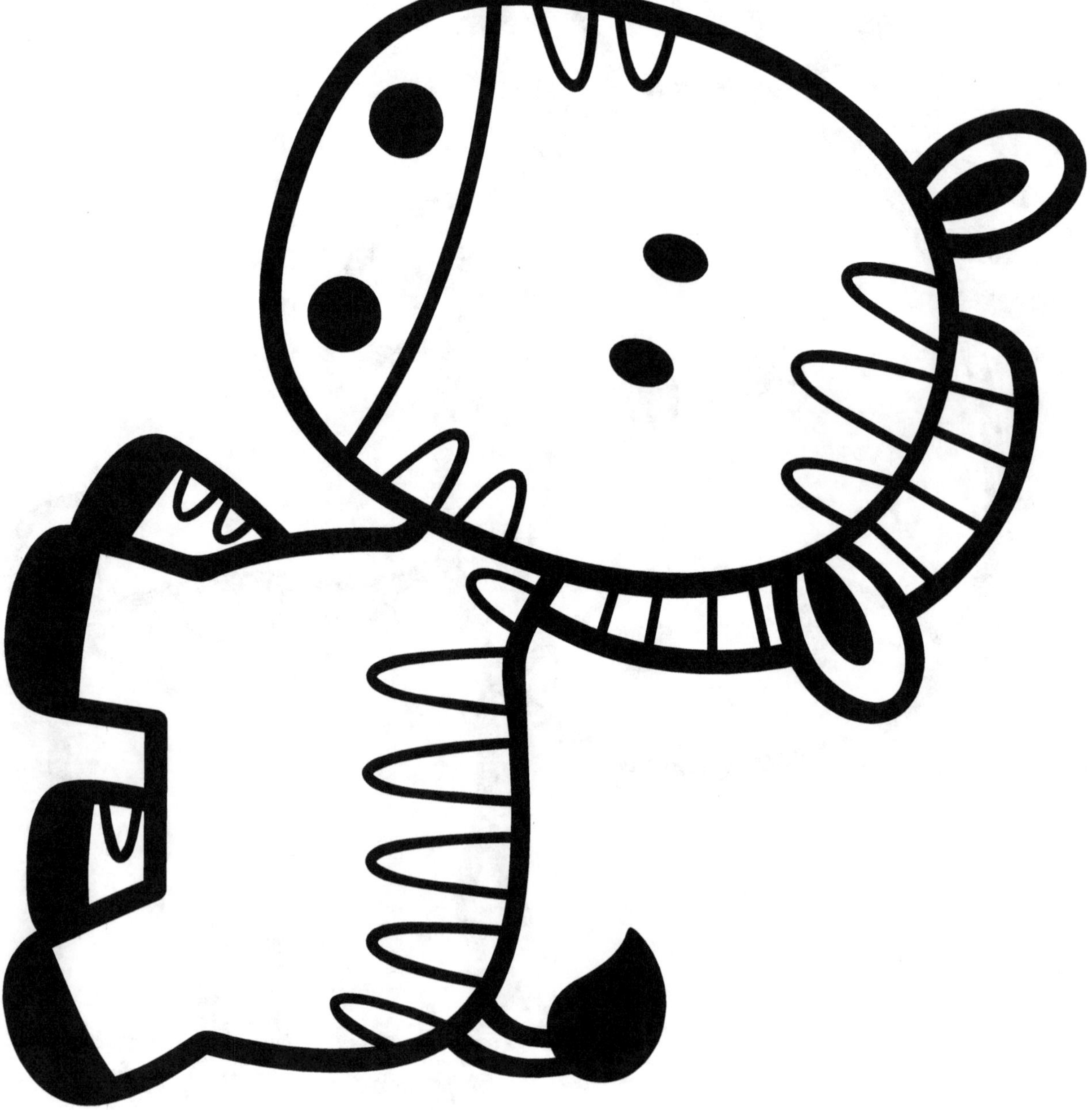

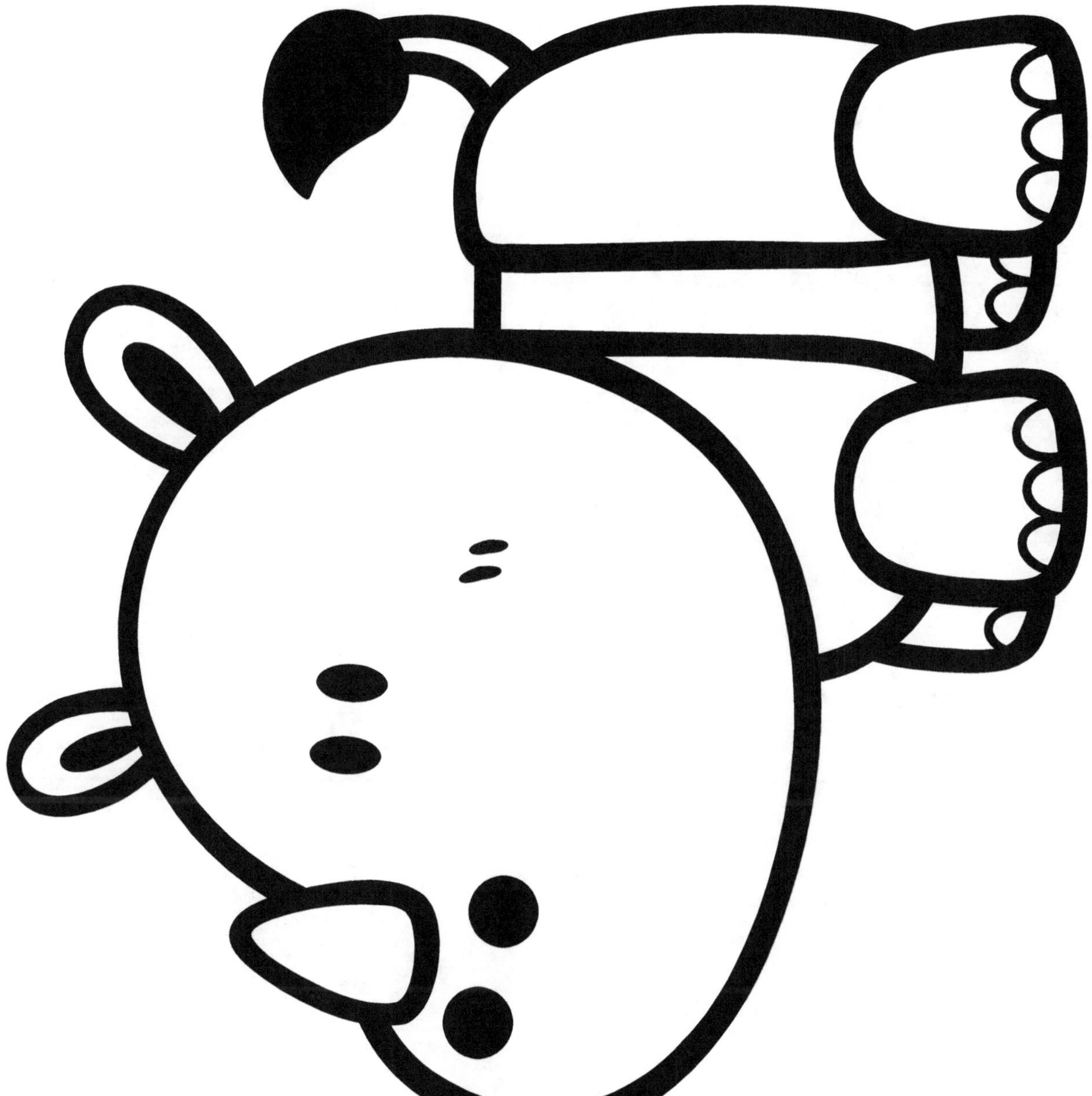

www.ingramcontent.com/pod-product-compliance
Lightning Source LLC
LaVergne TN
LVHW081548060526
838200LV00048B/2256